KB264218

• 鄭駬謨敎授指導 博士學位 論文 5 •

編目規則과 MARC 포맷에 있어서 東洋資料의 書誌的 記述에 관한 比較分析

• 鄭駜謨敎授指導 博士學位 論文 5 •

編目規則과 MARC 포맷에 있어서 東洋資料의 書誌的 記述에 관한 比較分析

오동근 著

목   차

緒　論

　자동화목록법　또는　기계가독목록법으로　불려지고　있는　MARC
(MAchine Readable Cataloging)는 컴퓨터의 신속하고 정확한 데이터
처리능력을 이용하여 전통적인 편목업무를 효율적으로 처리하고자 개
발된 것이다. 따라서 MARC에 있어서는 전통적인 편목업무에서 나타
나는 여러 가지 문제점과 아울러 MARC 자체가 갖는 독특한 특성으
로 인하여 생겨나는 문제점에 대한 해결이 동시에 이루어져야 한다.

　한편 목록을 효과적이고 통일적으로 작성하기 위해서는 표준화된
編目規則이 필요하게 된다. 편목규칙 자체가 목록의 통일성과 정확성
을 기하기 위한 것이므로, 목록에 있어서의 표준화를 위한 노력은 편
목규칙이 출현하면서 이미 시작되었다고 할 수 있다. 이와 같은 편목
업무와 관련된 표준화는 표목과 저록요소(entry element)의 표준화를
위한 파리원칙(1961)을 비롯하여 특이 MARC의 등장과 더불어
ISBD와 ISO 2709, UNMARC 등의 국제적 표준이 잇따라 제정되고
이러한 규칙들이 각국의 편목규칙에 적극적으로 수용되면서, 기계가
독서지데이터의 국제적 상호교환을 위한 기틀이 마련되고 있다.

　그러나 이러한 대부분의 표준들은 주로 西洋을 중심으로 이루어진
것으로서, 기타 국가 특이 동양제국에 대한 배려가 부족했던 점을
지적치 않을 수 없다. 한편 서양의 여러 나라에 있어서도 동양자료
의 양이 점차 증가하게 됨에 따라 동양자료의 서지적 처리에 대한
관심이 더욱 높아지고 있다. 이를 개선하기 위해서는 우선 동양각국
의 서지자료를 처리하기 위한 표준화가 선행되어야 할 것이다. 나아
가 서로 유사한 상황에 있는 韓國과 中國, 日本이 공동의 표준을 마

련할 수 있다면 더욱 바람직할 것이다.

본 연구의 目的은 이와 같은 가능성을 바탕으로 하여, MARC의 핵심을 이루는 포맷에 있어서의 문제점을 찾아서 합리적인 개선방안을 제시하려는 것이다. 이를 위하여 본 연구에서는 우선 MARC가 編目規則과 標準化에 미친 영향을 목록이론의 측면에서 구명하고, 둘째로 동양자료의 서지적 기술과 관련하여 레코드의 구조와 내용표지법과 레코드의 내용 등의 각 요소를 주요 MARC 포맷을 대상으로 비교분석하여 그 각각의 개선점을 제시하며, 셋째로 한국과 중국, 일본의 전통적인 목록에 특징적으로 나타나는 冠稱과 表記法의 문제를 각국의 편목규칙에 대한 분석을 토대로 MARC 포맷에 있어서의 개선방안을 제시하고, 넷째로 KORMARC의 개선을 위한 자료를 제시하기 위해서 聯關著錄의 특성을 서지적 관계에 대한 전통적인 목록에서의 서지적 기술방식과 대비하여 구체적으로 분석하고자 한다.

따라서 본 연구의 직접적인 分析對象으로는 UNIMARC과 USMARC 및 KORMARC, CHINESE MARC, JAPAN MARC 등의 주요 MARC 포맷과 AACR2와 ISBD 및 한국목록규칙, 중국편목규칙, 일복목록규칙 등의 주요 편목규칙이 사용될 것이다. 아울러 필요할 경우에는 UKMARC과 OCLC 포맷 등의 기타 포맷도 함께 구체적으로 비교분석하고자 한다.

그러나 본 연구에서의 研究範圍는 다만 서지적 기술의 출발점이 되는 單行本資料의 서지용포맷만을 일차적인 분석대상으로 삼고자 한다. 따라서 단행본 이외의 자료에 대한 서지용포맷과 典據用포맷, 문자세트 등에 대한 분석은 차후의 연구과제로 미루기로 한다. 아울러 본 연구에서 사용하는 용어는 원칙적으로 ISBD와 UNMARC의 용어를 사용하고자 한다.

Ⅰ. MARC의 발전과 標準化

MARC의 源流는 1960년대 말로 거슬러 올라가 미국의회도서관 (LC: Library of Congress)과 같이 인쇄카드업무를 합리화하기 위해 고안해낸 컴퓨터화 또는 영국국가서지(BNB: British National Bibliography)와 같이 발행하는 서지편찬업무를 경감시키기 위한 컴퓨터화 등에서 찾을 수 있을 것이다. 초기에 있어서는 그 성공가능성에 대하여 확신을 가질 수 없었기 때문에, 우선 현실적으로 밀접한 관계가 있는 인력절감이라는 직접적이고 작은 목적을 가지고 출발하였으나, 여러 가지 장점으로 인하여, 오늘날에는 어느 의미에서는 MARC를 제외하고서는 도서관의 자동화를 말할 수 없을 정도로 중요한 역할을 수행하게 되었다.

A. MARC와 MARC 포맷

MARC는 MAchine Readable Catalogue(Cataloguing)의 頭文字語로서 문헌정보학분야에서 가장 널리 알려져 있는 두문자어 가운데 하나이지만, 또한 가장 잘못 알려져 있는 것이기도 하다.

이것은 목록의 일종 또는 편목의 한 방법임을 암시하고 있다. 그러나 MARC는 좀 더 정확히 표현하면 컴퓨터에 의한 처리를 위하여 서지데이터를 식별하고 배열하기 위한 어떤 특정의 관례를 사용하는 포맷의 집합1)이라 할 수 있다.

그 이름에서 알 수 있는 것처럼, MARC는 기본적으로 이차정보 봉사기관의 요구보다는 圖書館界의 요구를 위해 주로 사용되고 있으며, 또한 도서관목록과 국가서지의 작성에 가장 밀접하게 관련되어 있으나, MARC 레코드는 많은 다른 도서관 관련분야는 물론 도서관에 관련되지 않은 분야에서도 아울러 사용되고 있다.

컴퓨터를 통하여 서지데이터를 처리하기 위해서는 모든 데이터를 기계가 인식할 수 있는 형식 또는 機械可讀形式으로 변환시켜야 한다. 데이터가 컴퓨터를 사용하여 효율적으로 처리될 수 있도록 하기 위해서는 이를 정형화된 형식으로 배열하고 식별되도록 해야 한다. 이와 같이 다양한 내용의 레코드를 수록하는 정형화된 골격이나 구조를 포맷2)이라 한다.

서지데이터 포맷은 레코드의 구조와, 레코드의 서로 다른 데이터 요소를 식별해주는 내용표지기호, 데이터 내용 등의 세가지 기본구성요소로 이루어지게 된다. 'MARC'라는 용어는 대개 이 세 구성요소에 대하여 집합적으로 사용되기도 하고, 각 구성요소의 각각에 대하여 사용되기도 하고, MARC 포맷을 바탕으로 한 제품과 봉사에 대해 사용되기도 한다.

B. MARC의 출현과 發展

MARC 포맷의 대표적인 것은 서지정보를 기록하기 위한 書誌用 포맷(bibliographic format)이지만, 그 외에도 典據데이터와 所藏/所

---

1) Ellen Gredley and Alan Hopkinson. *Exchanging bibliographic data MARC and other international formats.* London, The Library Association, 1990, p. 70.
2) *Ibid.* p 44.

在데이터를 전달하기 위한 별도의 상호교환용 포맷도 개발되었다.

그리하여 다음에는 MARC의 元祖로서 발전을 거듭하고 있는 USMARC를 중심으로 MARC의 발전과정을 고찰하고,3) MARC가 표준화에 미친 영향을 포맷의 구성요소를 중심으로 살펴보고자 한다

1. 미국의회도서간의 MARC 先導計劃(1965-1968)

미국의회도서관(LC)에 있어서 MARC의 개발을 위해 가장 큰 요인이 된 것은 LC의 주요업무의 자동화가 가능하며 동시에 필요하다는 사실을 제시하고, 편목과 탐색, 색인작성, 문헌검색을 위한 자동화된 절차를 설계하고 실행할 그룹을 LC에 설치하도록 권고한 King의 보고서인 *Automation and the Library of Congress*(1963)4)였다. 이를 바탕으로 LC의 목록카드데이터를 기계가독형식으로 변환하기 위한 방법을 고찰한 후속의 보고서5)가 발행되었다.

이어 Henriette Avram을 책임자로 하여 작성된 예비포맷 초안이 우호적인 반응을 받게 되자, LC는 도서관진흥재단(CLR: Council on Library Resources)의 재정지원을 받아 1966년에는 MARC 先導計劃(MARC Pilot Project)을 시작하게 되었다.6) 이것은 기계가독형

---

3) 그러나 본고의 고찰은 포맷과 직접적으로 관련된 부분만을 위주로 하고자 한다. 그 역사에 대한 상세한 고찰은 玄圭燮. 機械可讀目錄法(MARC)解說 (1-4). 도협월보 제18권 제1-4호(1977); 吳東根. MARC와 目錄規則. 도서관 제46권 제3호(1991. 5-6). 참조.

4) Gilbert W. King, et. al., *Automation and the Library of Congress; A survey sponsored by the Council on Library Resources, Inc.*, Library of Congress, Washington D.C., 1963.

5) Lawrence F. Buckland, *The recording of Library of Congress bibliographical Data in machine form a report prepared for the Council on Library Resources, Inc. Council on Library Resources*, Washington, D.C., 1965.

6) Library of Congress, Information System Office. *Project MARC: an experiment*

태로 목록데이터를 작성하여 배포할 수 있는 가능성을 모색하고, LC와 그밖의 다른 도서관에서 그 데이터를 무엇에 사용하는지 그 유용성을 검토한다는 두 가지 목적을 가지고 있었다. 아울러 포맷의 적합성 여부에 대한 평가도 이루어지게 되었다.

당초에는 1966년 11월부터 1967년 6월까지를 예정으로, 실험용으로 사용하기 위해 磁器테이프에 수록된 미국에서 발행된 영어로 된 단행본에 관한 서지데이터의 레코드가 관종별로 다양하게 선택된 16개 도서관에 제공되었다. 1968년 6월까지 계속된 이 계획기간에 사용된 포맷을 MARC I이라 한다.

MARC 선도계획에서 얻어진 결과는 기계가독 서지데이터에 대한 일반적인 토대를 마련하였으며, MARC II의 성공을 위한 기반을 다져놓았다고 할 수 있다. LC는 목록데이터를 기계가독형식으로 변환하기 위하여 필요하게 되는 여러 가지 절차와 소요자금 등에 대하여 많은 교훈을 얻게 되었으며, 참가도서관들도 도서관업무를 처리하기 위한 도구로서 컴퓨터를 사용하는 데 있어서의 여러 가지 복잡한 문제와, 관리상의 지원과 실행시간, 자금 등의 요건에 대안 안목을 갖게 되었다. 아울러 모든 기관에서는 프로젝트가 성공을 거두기 위해서는 컴퓨터업무 담당자와 도서관직원 사이에 밀접한 協力이 이루어져야 한다는 사실을 깨닫게 되었다. 결국 MARC I은 타당성을 입증하게 되었으며, 이를 바탕으로 이루어지는 MARC II를 통하여 적극적인 분담편목시스템을 구축하는 실제작업이 시작되었던 것이다.

한편 1968년부터 개발된 MARC II포맷은 소위 커뮤니케이션 포맷의 개념을 바탕으로 영국과 미국의 상호협력에 의해 이루어졌다. 이 포맷은 모든 종류의 도서관자료를 수용하도록 하고, 편목 이외의 여러 응용분야에 충분히 융통성을 가질 수 있도록 하며, 광범위한 컴퓨터 시스템에서 사용할 수 있도록 하기 위한 것이었다. 개개의

---

in automating Library of Congress catalog data. Washington D.C., LC, 1967.

도서관은 자체의 요구에 맞도록 작성된 자체의 내부처리용 포맷을 유지하면서, 표준화된 공통포맷으로 레코드를 상호교환하여, 내부에서 사용하기 위한 지역의 처리용 포맷으로 변환하거나 재포맷하도록 요망되고 있었다.7)

상호협력에도 불구하고, 미국8)과 영국9)에서는 각각 별도의 MARC 포맷을 발행하게 되었다. 그러나 두 포맷은 동일한 기본철학을 바탕으로 하고 있었으며, 두 국가 사이에서는 물론 국제적인 相互交換媒體로서 포맷이 갖는 중요성과 잠재적인 가능성에 중점을 두고 있었다.10)

LC의 MARC Ⅱ에 깔려있는 기본적인 생각은 도서와 연속간행물, 잡지기사 등을 포함한 모든 형태의 자료 및 그와 관련된 人名과 주제명 참조레코드에 관한 서지정보를 수록할 수 있는 하나의 포맷구조를 설계하는 것이었다고 한다.11) 그러나 그와 같은 작업이 갖게 될 엄청난 규모와 시간적, 인적제약으로 인하여, 가까운 시간 내에 업무를 추진하기 위해 도서자료를 시작으로 한번에 한자료씩 처리해 나가기로 결정했던 것이다. MARC Ⅱ에 마련된 별도의 디렉터리와 서브필드코드, 구조화된 表示字(tag)는 모두 새로이 도입된 혁신적인 것이었다.

MARC의 역사에 있어서 이 초창기에는, 내적 외적 요구에 의해 수많은 의견충돌이 생겨났으며, 표준화와 통일 그리고 진정한 상호교환용 포맷에 필수적인 요소라고 할 수 있는 융통성에 대한 열의에 따른 갈등이 나타나기도 하였다.12)

---

7) Ellen Gredley and Allan Hopkinson. *op. cit.* p. 76.

8) H. Avram, J.K. Knapp and L.J. Rather. *The MARC Ⅱ format: a communica tions format for bibliographic data.* Washington D.C., LC, 1968.

9) *MARC Ⅱ specifications (March 1969).* London, Council of the British National Bibliography, 1969(BNB MARC Documentation Service publications no. 2).

10) Ellen Gredley and Alan Hopkinson. *op. cit.* p. 77.

11) H.E. Avram. Machine-readable Cataloging(MARC) program. in *ELIS* vol. 16. p. 383.

2. MARC의 확장과 定着(1969-1979)

MARC Ⅱ가 개발된 이후 10년의 기간은 MARC의 발전이 두드러진 시기였다. 컴퓨터기술이 급속도로 발전하였고, 圖書館界와 이차정보봉사기관에서 자동화로의 움직임이 점차 나타나기 시작하였으며, 오늘날의 상당수의 대표적인 상호협력 시스템과 정보검색 시스템이 설립되거나 비약적인 발전을 하게 되었다.

1969년에 LC에서는 영어로 된 단행본에 대한 테이프를 시작으로 하는 MARC 배포봉사(MARC Distribution Service)를 공식적으로 시작하였으며, 1969년과 1979년 사이에는 단행본용 포맷13)의 업무가 성공적으로 진행되고 있는 가운데, 연속간행물과 지도, 필름자료, 필사본, 음악자료 및 녹음자료용의 별도의 포맷들을 계속적으로 발행하였다.14) 典據用 포맷의 실험용 예비판도 1976년에 발행되었다.15)

1970년대 후반에 이르러서는, 새로운 자료용 포맷은 개발되지 않고 기존포맷에 대한 개선이 중점적으로 이루어지게 되었다. 이 시기에는 특히 전국적인 규모의 네트워크 구성에 대한 관심이 고조되고 ISBD의 원칙에 기반을 둔 완전히 통합된 다매체용 규칙인 AACR2가 출판되면서 MARC 포맷의 성격과 범위에 대한 재평가를 요구하게 되었다. 1976년에 MARC 개발국에서는 각 포맷을 비교할 수 있

---

12) Ellen Gredley and Alan Hopkinson. *op. cit.* pp. 81-82.

13) *Books: a MARC format.* 5th ed., Washington DC, LC, 1972.

14) Library of Congress. MARC Development Office. *Serials: a MARC format.* 2nd ed., Washington DC, LC, 1974(preliminary ed., 1970); Library of Congress. Information System Office. Maps: a MARC format. Washington DC, LC, 1970; Library of Congress. MARC Development Office. *Films: a MARC format.* Washington DC, LC, 1970; Library of Congress. MARC Development Office. *Music: a MARC format.* Washington DC, LC, 1973.

15) Library of Congress. MARC Development Office. *Composite MARC format a tabular listing of content designators used in the MARC formats.* Washington DC, LC, 1976.

도록 하기 위하여 혼합된 MARC 포맷을 개발하였다.16)

한편 이 시기에는 MARC의 성공적인 운영과 더불어 기계가독레코드에 관한 국제적인 표준의 설정에 관심을 갖게 되었는데, MARC Ⅱ의 物理的인 構造는 미국국가표준(ANSI Z39.2)과 국제표준(ISO 2709)으로 채택되었다.

LC에서 MARC가 성공을 거두게 되자 각국에서도 각각의 MARC 포맷들이 개발되게 되었다. 그 결과 1975년에 이르러서는 국제적인 MARC 네트워크가 자연스럽게 형성되게 되고 아울러 상호조정의 필요성이 제기되게 되었다.17) 공통포맷에서 사용하기 위한 내용표지기호에 대한 합의와 편목법에 있어서의 통일성 제고의 문제가 특히 자주 지적되었는데. 이와 같은 관심을 반영하여 이 시기의 후반에는 UNIMARC(Universal MARC format)와 CCF(Common Communication Format)이 개발되었던 것이다.18)

3. MARC 포맷의 改訂과 統合(1980년대)

1980년대 접어들면서 MARC는 서지레코드의 내용에 관한 표준과 그 전송에 있어서 핵심적인 역할을 하게 되었다. MARC 포맷이 광범위하게 받아들여지면서 서지데이터의 상호교환이 촉진되고 도서관 시스템에 있어서 호환성이 증진되게 되었던 것이다. 그와 더불어 MARC 레코드는 중요한 상품으로서, 著作權의 문제가 생겨나게 되고 이를 제공하고 배포하고 사용하기 위해서는 국가서지기관 사이에 협의가 필요하게 되었다.19)

---

16) Library of Congress. MARC Development Office. Composite MARC format: a tabular listing of content designators used in the MARC formats. Washington DC, LC, 1976.

17) Ellen Gredley and Alan Hopkinson. *op. cit.* p. 93.

18) 두 포맷에 대해서는 본장 C절 참조.

아울러 기술적인 발전이 급속도로 진행됨에 따라 새로운 기억매체와 네트워크의 발전이 MARC 포맷에 미치는 영향에 대한 고찰이 필요하게 되었으며, 컴퓨터처리의 분산화에 의해 소위 ‘脫MARC’ 時代(post MARC era)의 도래를 예견하기에 이르게 되었다.20) 특히 CD-ROM (compact disk read only memory)의 등장과 표준적인 情報傳送節次로서 개발된 ISO의 OSI(Open System Interconnection) 프로토콜이 MARC의 이용에 중요한 전기를 마련하게 된다.

한편 1980년대 중반에 이르기까지 LC의 MARC 배포봉사를 통하여 제공되는 자료의 종류가 더욱 증가되고, 새로운 자료의 요건과 서지적인 상황에 부응하기 위하여 기존의 표준들이 개선되었다. UNIMARC는 제2개정판21)과 *MFBD(MARC Formats for bibliographic data)22)* 가 발행되었으며, ISO 2709도 개정이 이루어졌다.23)

1986년부터 1988년 사이에 LC에서는 기존의 USMARC 자료를 재평가하고 재설계하여 새로운 구조로 완성시켰다. MFBD를 대신하게 된 소위 *UFBD(USMARC format for bibliographic data)24)*는 도서자료와 연속간행물, 고서 및 필사본, 지도자료, 녹음자료, 시각자료, 컴퓨터파일에 대한 레코드를 포함한 USMARC 서지레코드의 모든 데이터요소를 식별해주는 내용표지법을 상세히 제시하고 있으며, 국가수준의 서지레코드에 있어서의 요건을 포함하고 있다. 아울러 典據用포맷25)과 所藏用포맷,26) 구조에 관한 별도의 표준,27) 간략형

---

19) Ellen Gredley and Alan Hopkinson. *op. cit.* p. 93.

20) *Loc. cit.* p. 93.

21) *UNIMARC: Universal MARC format.* 2nd ed. rev. London, IFLA International Office for UBC, 1980.

22) *MARC formats for bibliographic data.* Washington DC, Processing Services, LC, 1980.

23) *Documentation: format for bibligoraphic information interchange on magnetic tape.* ISO 2709-1981. Geneva, International Organization for Standardization, 1981.

24) *UFBD. op. cit.*

25) *USMARC format for authority data, including guidelines for content designation.*

포맷28)도 이 시기에 개발되었다.

4. 韓國과 臺灣, 日本의 MARC

MARC는 도서관의 본질적인 검색도구라고 할 수 있는 목록을 컴퓨터를 사용하여 자동화한 것으로서, 서지데이터의 공동이용과 편목 작업의 省力化, 데이터베이스의 개발과 확충을 통하여 불필요한 작업을 줄이고 비용을 절감시킬 수 있도록 해줌으로써 도서관전체의 업무를 개선시켜 줄 뿐만 아니라, 각국의 중앙도서관이 이를 개발하여 전국의 도서관에 제공함으로써 국가 전체도서관과의 共用性을 증진시키고, 나아가 국가적인 도서관의 발전과 표준화를 도모할 수 있도록 하는 것이다. 이와 같은 효과는 국제적으로도 확대될 수 있을 것이다.

이러한 장점으로 인차여, MARC는 세계각국으로 급속히 퍼져나갔다. 한국과 대만, 일본에서도 각국의 중앙도서관을 중심으로 독자적인 MARC가 개발되어 이용되고 있다.

(1) KORMARC

한국에 있어서 MARC의 개발은 國立中央圖書館의 한국문헌자동화목록법(KORMARC: KORean Machine Readable Cataloging)을 중심으로 이루어져 왔다.

Washington DC, Cataloging Distribution Service, LC, 1987.

26) *USMARC format for holdings and locations, including guidelines for content designation.* Washington DC, Network Development and MARC Standard Office, LC, 1989.

27) *USMARC specifications for record structure, character sets, tapes.* Washington DC, Cataloging Distribution Service, LC, 1987.

28) *USMARC concise formats for bibliographic. authority and holding data.* Washington DC, Cataloging Distribution Service, LC, 1988.

국립중앙도서관은 '국가발전의 기틀인 知的情報를 컴퓨터 기법으로 처리하여 국내의 학문의 진흥과 사회개발을 위한 정보를 신속하고 정확하게 공급하고, 전국의 대학 및 공공도서관을 온라인으로 연결하여 文獻情報의 네트워크를 편성하며, 정보의 처리를 위한 표준포맷을 제정하여 유통망 형성의 기반을 조성하고, 국내외 문헌의 전산화를 통하여 국립중앙도서관의 중앙성을 부각하고 그 기능을 현대화'29)할 것을 목적으로 업무자동화를 추진해 왔다.

1977년 2월에는 行政基本計劃에 자동화계획이 채택되고, 이를 추진하기 위하여 조직된 국립중앙도서관자동화추진위원회 산하에 준비반을 두어 자동화계획을 수립하였다. 이 계획은 최초로 개발되는 자동화업무는 도서관의 기본적인 검색수단인 목록을 자동화하는 것을 핵심적인 업무로 하여 여타의 자동화문제는 점진적으로 개발한다는 書誌中核시스템을 계획하였던 것이다.

이러한 계획을 실행하기 위하여 국립중앙도서관은 1980년 2월 LC MARC 포맷에 준거하여 한국문헌자동화목록법 실험용포맷 단행본용을 제정하였으며, 1981년 6월에는 한국문헌자동화목록법 표준용 포맷 제1판 단행본용을 간행하고 이를 토대로 하여 컴퓨터에 입력을 시작하였다. 또한 1982년 9월에는 電算室의 직제개편과 더불어 漢字의 처리까지 가능한 자체용 컴퓨터(JEPCOM 4296)를 도입하였고, 1983년 9월부터는 입력된 데이터를 컴퓨터로 출력하는 인쇄카드 시스템을 출범시켜 인쇄카드를 배포하기 시작하였다.

한편 1983년에는 'KORMARC의 효율적인 운영을 협의하여 표준적인 편목업무의 전산화를 추진하고자'30) 한국문헌자동화목록운영협의회가 결성되었고, 그 산하에 KORMARC개정기술위원회가 발족되었다. 당 위원회는 KORMARC가 共用포맷으로 사용될 수 있도록 하

---

29) 國立中央圖書館. 國立中央圖書館資料集 1973-1983. 서울, 國立中央圖書館, 1983. p. 114.
30) *Ibid.* p. 138.

기 위하어, 국립중앙도서관이 제정한 표준용 포맷에 대한 전반적인
개정작업에 착수하어 1984년 UNIMARC를 부분적으로 수용한 한국
문헌자동화목록법 표준포맽 단행본용을 완성시켰다. 한편 1987년에는
국립중앙도서관을 도서관정코전산망을 위한 센타로 하기 위한 국립중
앙도서관 전산화종합발전계획이 새로이 수립되고, 이어 1988년에는
새로운 컴퓨터시스템(TANDEM)이 도입 설치되었으며, 1989년부터는
납본과 수서, 정리, 검색을 비롯한 관내업무 토털시스템의 일부가 가
동되고 있다.

한국문헌자동화목록법 표준포맷은 한국문헌을 주된 입력대상으로
하는 국내용포맷으로서, 목록기술은 ISBD에 준거하여 국립중앙도서
관에서 제정한 한국문헌자동화목록법기술규칙(이하 KORMARC기술
규칙)에 따르고 있다. 이와 같이 KORMARC가 한국의 표준편목규
칙인 한국목록규칙 제3판과는 부분적으로 상당한 차이가 있는 편목
규칙을 적용하고 있는 것은 目錄記述의 통일이라는 측면에서 하나의
문제점으로 지적될 수 있을 것이다.

포맷의 기본구조는 ISO 2709를 따르고 있으며, LC MARC의 구
조와도 호환성(convertability)을 갖도록 하고 있고, 세부적인 편성방
침은 주로 LC MARC를 준용하고, 서브필드식별자를 규정하는 데
있어서는 UKMARC를 따르고 있으며, UNIMARC도 부분적으로 수
용하고 있다.

문자의 표현방식은 英數字(alphanumeric)에 대해서는 ASCII(American
National Standard Code for Information Interchange)를 사용하며, 한자에
대해서는 한자를 한글한자변환방식으로 입출력하고 있다.

(2) CHINESE MARC

대만의 국립중앙도서관에서의 MARC의 개발은 1980년 중국도서
관학회와 국립중앙도서관의 협력으로 圖書館自動化作業規劃委員會
(LAPC: Library Automation Planning Committee)가 구성되면서 추

진되기 시작하였다.31)

LAPC는 중국출판물의 편목을 위한 표준으로서 中國機讀編目格式 (Chinese MARC Format)을 개발하고, 상호협력을 통하여 기술적 서비스 및 정보서비스를 개선하기 위한 데이터처리시스템을 조직하고, 지역적인 연구의 필요성에 부응하기 위하여 중국출판물의 데이터베이스를 구축하고 외국의 데이터베이스를 도입하며, 학술적인 연구와 개발을 도모하기 위하여 전국적인 정보네트워크를 구축한다는 목표 아래,32) 1980년 5월 국립중앙도서관자동화계획을 수립하였다.

LAPC가 1980년에 구성한 中國機讀編目格式工作小組(CMWG: Chinese MARC Working Group)에서는 중국어로 쓰인 모든 유형의 자료에 광범위하게 적용될 수 있는 포맷을 개발하기 위하여, 1981년 2월에는 단행본용의 중문도서 機讀編目格式을 완성하고, 이어 7월에는 제1차 중문도서자료자동화 국제硏討會에서 토의된 결과를 바탕으로 중문도서기독편목격식 제2판을 수정출판하였다.

제2판의 출판후 CMWG는 각국의 포맷을 참조하고 각 분야의 전문가들로부터 자문을 얻어 연속간행물, 지도, 악보, 시청각자료 등 비도서자료용 포맷을 완성하기 위한 작업을 계속하였으며, 1982년 8월 중문도서기독편목격식 제2판을 수정하여 모든 형태의 자료를 포함하는 中國機讀編目格式으로 완성시켰다. 명칭을 中國機讀編目格式工作小組(MARC Working Group of China)로 개칭한 CMWG는 이어 1984년 5월에는 중문善本도서와 拓本(rubbing)을 포함하는 중국기독편목격식 제2판을 발행하였다.

한편 국립중앙도서관에서는 CHNESE MARC 데이터베이스를 이용하여, 중화민국출판도서목록과 인쇄카드를 작성하여 배포하고 있다.

---

31) M.C. Fung. Library automation in the Republic of China. 圖書館學與資訊科學 6(1) (1980. 4). p. 1.

32) L.T. Lee. et. al. Chinese MARC: its present status and future development. 圖書館學與資訊科學7(1) (1981. 4). p. 2.

CHINESE MARC는 중국어의 서지데이터를 대상으로 하는, 국내 외에서의 이용을 모두 고려한 포맷으로서, 목록기술은 ISBD과 AACR2에 준거하여 제정된 중국편목규칙(이하 CCR)에 따르고 있다.

포맷의 기본구조는 ISO 2709를 준용하고 있으며, 세부적인 편성 방침은 대부분 UNIMARC를 따르고 있으나, 중국자료의 특성을 고려하여 부분적인 수정을 가하고 있다.[33]

문자의 표현형식은 英數字(alphanumeric)에 대해서는 ISO 646과 ISO 6630을 사용하고, 漢字에 대해서는 情報交換用中國文字코드(Chinese Character Code for Information Interchange)를 사용하고 있으며, 중국문자의 로마자표기를 위해서는 韋傑士羅馬倂音系統(Wade-Giles System for Romanization)을 채택하고 있다.

(3) JAPAN MARC

일본에 있어서 MARC의 개발은 국립국회도서관에 의하여, '全國書誌의 기계가독형'으로서 이루어졌다.

국립국회도서관은 1969년 7월 業務機枕化準備室을 조직설립하고, 1970년에 컴퓨터(HITACM-280H)를 도입한 이래 한자를 포함한 일본어처리를 계획하고, 국회회의록總索引의 편집시스템(1972), 일본잡지목록의 편집시스템(1974), 잡지기사색인의 편집시스템(1976)을 개발하는 한편, JAPAN MARC의 개발에 착수하여 1977년 12월에는 JAPAN MARC의 기초가 되는 일본도서시스템에 의한 목록데이터의 입력을 시작하고 1978년 1월부터는 納本週報(全國書誌週刊版)의 컴퓨터처리에 의한 기계편집을 개시함으로서 기재가독목록법의 기초를 이루었고,[34] 1980년 10월에는 JAPAN MARC를 완성시켰다.

---

33) CHINESE MARC와 UNIMARC의 비교에 대해서는 Nancy Ou-lan Chou. A Chinese MARC oriented study on the establishment feasibility of the East-Asian MARC system. *Proceedings of the second Asian-Pacific conference on library science.* pp. 174-177. 참조.

34) 石山洋. ジャパンマク仕樣書の槪要. 國立國會圖書館月報 226 (1980. 1). p. 6

JAPAN MARC는 전국서지의 데이터베이스를 작성하여 국내외에 여러 가지 형태로 이를 제공하는 것을 중심으로 하는 일본도서시스템의 일환으로서 작성되어 제공되고 있다.35) JAPAN MARC은 일본도서시스템내의 하나의 서브시스템이기는 하지만, 인식카드작성시스템을 비롯한 모든 시스템이 JAPAN MARC을 이용한 시스템이라고 생각할 수도 있을 것이다. 국립국회도서관이 JAPAN MARC을 핵으로 하는 總合目錄을 고려하고 있는 것은 JAPAN MARC의 중요성을 보여주는 한 예이다.

국립국회도서관은 JAPAN MARC의 개발을 위하여 1978년 9월 각계의 전문가들로 국립국회도서관 ジャーパンマーク審議會를 구성하여, 국립국회도서관이 작성한 기계가독 全國書誌의 포맷 및 이용방법에 대하여 납본주보용 테이프를 기초로 검토하기로 하고, 1979년 11월에 포맷의 세부사장을 마무리지었다. 1980년 12월에는 MARC의 이용방법, 테이프의 배포빈도, 가격등을 결정, 1981년 4월부터는 일본전국서지주간판의 도서편의 자기테이프를 週間으로 배포하고 있고, 1988년부터는 도서편의 CD-ROM판과 연속간행물편의 자기테이프를 배포하고 있다.36)

JAPAN MARC는 국립국회도서관에 납입, 기증, 구입, 이관된 일본국내출판물의 도서를 중심으로한 팜플렛, 單行本叢書, 일본에서 발행된 유럽어 출판물, 마이크로형태 출판물 등을 수록하며,37) 연속간행물, 지도 등은 수록하지 않는다. JAPAN MARC는 일본 국내출판물만을 다룬다는 전제하에 이루어진 것이므로 외국자료의 처리에 대

---

35) 上田修一. 長島敏樹. JAPAN MARCのUNIMARCとのおよびタイムラグ. *Library and information science* 20(1982). p. 118.
36) 田村貴代子. 國立國會圖書館の業務機械化の現狀について. 國立國會圖書館月報 346(1990. 1). p. 12.
37) S. Maruyama. History and present situation of bibliographic control in Japan. *Proceedings of the second Asian-Pacific conference on library science.* p. 168.

해서는 배려를 하지 않고 있다.

　목록기술은 ISBD에 준거하여 제정된 日本目錄規則 新版 予備版 (이하 NCR)에 따르고 있다. 그러나 NCR은 中小도서관용의 편목규칙이기 때문에, JAPAN MARC의 내용은 지극히 일반적인 것으로 서지정보로서 필요한 최소한의 데이터를 수록한 것이며, 서지정보를 작성하는데 있어 반드시 입력하지 않으면 안 되는 기본적인 사항에 한하고 있다.38)

　포맷의 기본구조는 ISO 2709를 準用하고 있으며, 세부적인 편승방침은 UNIMARC에 따르고 있으나, 특히 일본어 서지데이터를 처리하기 위하여 특별한 배려를 하고 있다.

　문자의　표현형식은　英數字(alphanumeric)에　대해서는　EBCDIC (Extended Binary Coded Decimal Interchange Code), 한자에 대해서는 JIS C-6226과 JIS C-6225를 사용하고 있고, 일본어의 로마자표기를 위해서는 訓令式로마자표를 채택하고 있다.

C. MARC와 표준화

　목록의 작성을 효과적이고 통일적으로 수행하기 위하서는 표준화된 편목규칙이 필요하게 된다. 편목규칙이 편목의 통일성과 정확성을 기하기 위한 도구라는 점에서 목록에 있어서 표준화를 달성하고자 하는 노력은 편목규칙의 탄생과 더불어 시작되었다고도 말할 수 있을 것이다. 특히 각국의 서지정보가 국제적으로 유통되게 됨에 따른 목록의 국제적인 표준화의 요청에 부응하여, 1961년에는 소위 파리原則(Paris Principles)의 채택으로 검색과 배열의 기준이 되는 표

---

38) 學田眞也. JAPAN/MARC入門. 國立國會圖書館報 270 (1983. 9). p. 9.

목과 저록요소(entry element)가 표준화되었다. 파리원칙이 각국의 편목규칙의 표목부의 개정에 반영되고 이어 파리원칙에 대한 주석판이 등장하게 됨으로써, 표준화의 증대가 가져오게 될 잠재적인 잇점에 대한 인식이 국제적으로 크게 고조되었다.

특이 MARC는 그 출발에 있어서부터 표준화와 밀접한 관계를 유지해왔다. MARC는 이미 완성된 표준을 계속하여 준수하는 외에도, 새로운 자체의 요건을 만족시키기 위해서는 여러 표준을 새로이 제정하여 채택할 필요성이 생겨나게 되었다.

우선 레코드의 구조(structure)와 관련해서는 앞서 살펴본 소위 ISO 2709『磁器테이프에 의한 書誌情報交換用 포맷』이 국제적인 표준으로서 마련되어 있다. 이것은 기본적으로 서지적 기술이 가능한 모든 자료에 대하여 어떤 시스템 내에서의 데이터처리 보다는 여러 시스템 사이에서 데이터를 상호교환하기 위하여 특별히 설계된 글자인 것이다. 따라서 일반적인 상호교환용 포맷의 요건을 구체적으로 명시하게 되나, 서지적 기술의 내용에 대한 구체적인 지시는 이루어지지 않게 되며, 표시자와 지시자, 서브필드식별자에 대한 의미부여도 이루어지지 않는다.

다음으로 레코드 내용의 표준화와 직접적으로 관련된 것으로서는 IFLA에서 제정한 國際標準書誌記述法(ISBD)이 있다. 이것은 목록의 기술부의 내용과 순서를 표준화하고자 시도된 것으로, 특히 MARC에서 사용되는 서지요소의 형식과 순서, 구두법을 표준화함으로써 서지레코드의 자동화에 직접적인 영향을 미치게 되었던 것이다.

내용표지법의 표준화를 지장하여 개발된 것이 UNIMARC이다. UNIMARC는 기본적으로 다양한 국가시스템의 문제는 그대로 둔 채, 국제적인 상호교환시스템으로서 채택된 것이라 할 수 있다. 즉 각국의 서지기관에서 자체의 기계가독레코드를 UNIMARC시스템의 포맷으로 변환하도록 하고, UNIMARC레코드를 자체의 국가포맷으로 변환하도록 한다는 것이 그 기본적인 아이디어가 되고 있는 것이다. 현재 UNIMARC는 서지용포맷39)과 전거용포맷40)이 개발되어 있다.

한편 UNESCO의 종합정보프로그램(UNESCO/PGI)에서는 도서관계와 색인초록분야양측을 망라하여 ISO 2709를 구현하기 위한 공통의 포맷을 지향하여 소위 *CCF: Commom Communication Format41)*를 개발하였으며, ISO와 CCITT(International Telegraph and Telephone Consultative Committee)에서는 데이터 내용 즉 메시지를 전달하기 위한 표준네트웍구조의 모델로서 OSI(Open System Interconnection)를 제정하고 있다.42)

---

39) *UNIMARC manual.* London, IFLA, 1987.
40) UNIMARC/Authorities; Universal format for authorities. Munchen, K.G. Saur, 1991.
41) *CCF: Common communication format. Paris*, UNESCO, 1984.
42) OSI에 대해서는 이동호. 너트워크서비스 총론. 情報科學會誌 제8권 제6호. pp. 7-13. 참조.

Ⅱ. MARC 레코드의 構造와 內容標識法에 대한 分析

컴퓨터를 사용하여 어떤 데이터를 처리하기 위해서는 이를 기계가 인식할 수 있는 機械可讀形式으로 변환시켜야 한다. 이와 같이 변환된 데이터요소들이 관련된 것들끼리 묶여져 어떤 응용프로그램에 의해 하나의 단위로서 다루어지게 될 때 이를 레코드(record)라 한다. 레코드에는 각 시스템에서 인식하게 되는 어떤 대상이나 단위에 관한 데이터가 수록되게 된다.

기계가독서지레코드는 '어떤 하나의 문헌에 관계된 것으로 자체의 특유한 論理的 構造로서 기계가독형식으로 저장되는 정보의 집합'1) 이라 정의할 수 있는데, MARC 레코드는 그와 같은 서지데이터를 수록하는 대표적인 예에 속하는 것이다.

따라서 MARC 레코드는 도서목록의 한 저록이나 카드목록의 한 세트의 목록카드에 해당한다고 할 수 있다.

MARC 포맷의 구성요소 가운데 레코드의 構造(structure)는 '레코드의 기본이 되는 기계적인 틀'(machine framework)2)이라 할 수 있는데, 서지데이터가 컴퓨터의 기억장치에 배열되는 방식을 규정하게 된다. 이것은 데이터가 담겨지는 容器(container)나 운반체에 비유되는 것으로, 데이터는 레코드에 따라 다를 수 있으나 그 운반체는 항상 일정하게 된다.

---

1) *Reference manual for machine readable bibliographic descriptions.* 3rd rev. ed. Paris, UNESCO, 1986, 3.2.2.
2) H.D. Avram. *MARC pilot project. op. cit.* p. 77.

레코드의 구조에 관한 국제표준으로 마련된 ISO 2709는 磁器테이프에 의하여 서지정보를 상호교환할 수 있도록 하기 위해 개발된 것으로, 그 구조는 레코드레이블(record label)과 디렉터리(directory), 서지데이터필드, 레코드구분기호(record terminator)로 구성되어 있다.

UNIMARC와 USMARC, KORMARC, CHINESE MARC, JAPAN MARC는 모두 ISO 2709를 바탕으로 하고 있으므로, 기본적으로는 동일한 구조를 가지고 있다. 그러나 사용하는 용어에 있어서는 다소 차이를 보이고 있다.

각 MARC별 기본구조는 그림 2-1과 같다.

[그림 2-1] 주요 MARC 레코드의 기본구조 대비표

USMARC 레코드의 기본구조

리 더	디렉터리	제어번호필드	제어필드	데이터필드	레코드구분기호

KORMARC 레코드의 기본구조

리 더	리코드디렉토리	제 어 필 드	가변장필드	레코드구분기호

UNIMARC와 CHINESE MARC, JAPAN MARC 레코드의 기본구조

레코드레이블	디렉터리	가 변 장 필 드	레코드구분기호

레코드 가운데 내용적으로 중요한 부분은 서지데이터를 수록하고 있는 데이터필드이며, 다른 부분은 그 데이터를 틀리지 않고 전달하기 위한 기계적 조건을 조정하는 역할을 한다.3)

---

3) 石山洋. ジャパンマクの今日的意義とその利用へのガイダンス. 圖書館雜誌 74(6) (1980. 6). p. 270.

A. 레코드레이블

　레코드레이블은 USMARC와 KORMARC에서는 리더(leader)에 해당하는 固定長필드부분으로, 시스템에 대하여 그 레코드의 유형을 식별해주는 데이터와 레코드를 처리하기 위해 필요한 정보를 코드화 하여 수록하게 된다. 이것은 레코드 전체를 이용하기에 앞서 필요한 예비적인 정보를 식별하는 데 도움이 될 수 있도록, '그 레코드의 조작처리상 가장 기본이 되는 요건'4)을 일차적으로 알려주는 부분이다. 따라서 이 부분은 믁록의 정보를 검색하기 위한 것이라기 보다는 정보의 검색을 가능하게 하기 위한 導入部分으로 프로그러밍 기법상의 필수적 요소5)인 것이다.

　레코드레이블의 구조는 UNIMARC와 USMARC, KORMARC, CHINESE MARC, JAPAN MARC 모두 24자의 고정장필드로 구성 되어 있는데, 그 구조와 내용은 표 2-1과 같다.

[표 2-1] 도맷별 레코드레이블의 구조화 내용 대비표

자리수	정보내용	UMIMARC	USMARC	KORMQRC	CHINESE	JAPAN
0-4	레코드의 길이	O	O	O	O	O
5	레코드의 상태	O	O	O	O	O
6-9	시행코드	O	X	O	O	O
(6)	레코드유형	O	O	O	O	O
(7)	서지적레벨	O	O	O	O	O
(8)	서지계층레벨	O	X	X	O	X
(9)	공백	O	O	O	O	O
10	지시자의 길이	O	O	O	O	O
11	서브필드식별자 길이	O	O	O	O	O

---

4) 田村貴代子. JAPAN/MARCの槪要. 情報管理 24(6) (1981. 9). p. 576.
5) 玄圭燮. 機械可讀目錄法에 있어서의 固定長필드에 관한 연구. 중앙대학교 대학원 석사학위논믄. 1978. p. 52.

12-16	데이터기본번지	O	O	O	O	O
17-19	부가레코드정의	O	X	X	O	O
(17)	입력코드레벨	O	O	O	O	X
(18)	목록기술형식	O	O	O	O	O
(19)	연관레코드요건	X	O	X	X	X
20-23	디렉터리 맵	O	O	O	O	O
(20)	필드길이부길이	O	O	O	O	O
(21)	첫자위치부길이	O	O	O	O	O
(22)	시행정의부길이	O	O	X	X	X
(23)	공백	O	O	O	O	O

표에서 볼 수 있는 것처럼, 레코드레이블인 구조에 있어서는 다섯 포맷이 서로 차이가 없으나, 그 내용에 있어서는 다소 차이를 보이고 있다.

레코드의 길이(record length)는 모든 데이터와 내용표지업을 포함하여 레코드레이블에서 레코드 구분기호에 이르기까지의 전체 문자수를 표시하는 부분이다.

레코드의 狀態(record status)는 신규레코드, 수정레코드, 삭제레코드 등과 같이 파일을 유지하기 위하여 레코드의 상태를 표시하는 요소이다. 이외에도 UNIMARC와 CHINESE MARC에서는 이전에 발행된 상위레벨레코드, 불완전한 채 이전에 발행된 출판전 레코드, USMARC에서는 입력코드수준 상향조정, 출판전 입력코드수준 상향조정 등을 표시할 수 있도록 하고 있다. 따라서 KORMARC의 미완성레코드와 CIP레코드는 레코드의 레벨이 이전의 상태에서 상향조정되었음을 표시하는 것으로서, 그 명칭을 그에 맞도록 변경해야 할 것이다.

施行코드(implementation code)는 ISO 2709에 코드에 대한 별도의 규정이 포함되어 있지 않기 때문에 시행코드라는 명칭을 갖게 되었다. 그러나 USMARC에서는 이 명칭을 사용하지 않고 있고, JAPAN MARC에서는 이를 서지적 상황코드라 부르고 있다. 우선 레코드의 유형(type of record)은 '자료의 知的特性과 물리적 표현형태'6)에 의하여

레코드에서 기술되는 자료의 유형을 표시하는 요소이다. JAPAN
MARC에서는 언어자료의 인쇄물과 마이크로형태자료만을 표시하도록
하고 있으나, USMARC와 UNIMARC, KORMARC, CHINESE
MARC에서는 그밖에도 공문서 및 필사본, 인쇄본악보, 필사본악보, 인
쇄본지도, 필사본지도, 녹화자료, 음악용녹음자료, 음악외녹음자료, 그
래픽자료, 컴퓨터파일, 다매체자료, 입체자료, 특수자료 등을 표시하도
록 하고 있고, CHINESE MARC에서는 특히 중국善本도서와 拓本을
표시할 수 있도록 하고 있다. 이 코드는 한자리로서 그 레코드에서 다
루고 있는 자료에 관한 정보를 제공하기 위한 것이므로, 단행본도서만
을 다루는 포맷의 경우에는 그에 대한 정보에만 국한해도 무방할 것이
며, 동양자료의 경우 古書資料를 포함할 경우는 CHINESE MARC에
서와 같이 이를 별도로 처리하는 것이 바람직할 것이다.

　書誌的 레벨(bibliographic level)은 '자료의 출판방식이나 그밖의 레
코드 처리범주를 식별'[7] 해주는 요소이다. JAPAN MARC에서는 단행
본만을 표시하며, 그밖의 포맷에서는 그밖에도 分出(analytic) 또는 구
성요소(component part), 연속간행물, 전집까지를 표시할 수 있도록 하
고 있다.

　書誌階層레벨(hierachical level)은 총서내의 단행본과 같이, 서지적
으로 계층관계에 있는 자료에 대하여 계층구조 내에서 그 레코드가 갖
는 상관적 위치를 지시하기 위한 것으로서, UNIMARC와 CHINESE
MARC에만 설정되어 있다.

　이와 같은 施行코드들은 '자동화된 처리시스템에 의하여 레코드들
을 여러 범주로 분류하기 위한 방법을 제공하기 위하여'[8] 설정되는
것으로서, 레코드의 유형 또는 레코드에서 기술되는 자료의 유형을

---

6) John C.Attig. The concept of a MARC format. *Information technology
　　and libraries* 2(1) (1983. 3). p.11. [吳東根 역, MARC format의 槪念. 國
　　會圖書館報 제24권 제5호(1987.9-10). pp. 35-48.

7) *Loc. cit.* p. 11.

8) *Ibid.* p. 10.

식별하고, 레코드의 처리를 보조해주는 기능을 갖게 된다.

指示字의 길이(indicator length)는 지시자의 글자수를 표시하는 요소로서, JAPAN MARC에서는 지시자가 사용되지 않으므로 항상 '0'이 되고, 다른 포맷에서는 제1지시자와 제2지시자가 사용됨으로 항상 '2'가 된다.

識別字의 길이(subfield identifier length)는 서브필드식별자의 글자수를 표시하는 요소로서, 다른 모든 포맷이 경계구분기호와 별도의 데이터요소식별자의 두글자로 이루어지므로 항상 '2'가 되지만, JAPAN MARC는 여기에 데이터부의 길이를 나타내는 세글자와 데이터부의 문자모드를 나타내는 한글자가 추가되어 항상 '6'이 된다.

데이터의 基本番地(base address of data)는 입력된 레코드의 실질적인 데이터가 시작하는 위치를 표시하는 요소이다. 이 기본번지는 레코드의 맨 앞에서부터의 자리수로서, 결국 레코드레이블과 디렉터리, 필드구분기호의 글자수를 합산한 숫자와 동일하게 된다.

附加레코드定義(additional record information)는 레코드의 처리에 필요한 추가사항을 제시하는 것으로서, USMARC와 KORMARC에서는 이 용어를 사용하지 않고 있다.

입력코드레벨(encoding level)은 입력레코드의 완전성 정도를 표시하는 요소로서, KORMARC에서는 완전레벨과 불완전레벨, CHINESE MARC에서는 완전레벨과 하위레벨 1, 2; UNIMARC에서는 완전레벨과 하위레벨 1, 2, 3; USMARC에서는 완전레벨과 완전레벨(자료미검토), 완전레벨이하(자료미검토), 부분(예비)레벨, 최소레벨, 출판전레벨, 미확인, 미사용 등으로 세분하고 있다.

目錄記述形式(descriptive cataloging form)은 레코드에서 사용된 목록기술의 형식을 표시하는 요소이다. JAPAN MARC에서는 ISBD형식에 의한 것만을 표시하도록 하고 있고 UNIMARC와 KORMARC, CHINESE MARC에서는 완전ISBD형식, 불완전ISBD형식, 비ISBD형식으로 구분하여 표시하도록 하고 있고 USMARC에서는 완전ISBD형식, 비ISBD형식, AACR2형식으로 구분하여 표시하도록 하고 있다.

聯關레코드要件(linked record requirement)은 USMARC에만 규정되어 있는 것으로서, 실제의 관련레코드를 접근하지 않고서도 기본적인 식별정보를 수록하고 있는 주기를 연관저록필드(76X-78X)에서 얻을 수 있는지의 여부를 표시하게 된다.

디렉터리맵(directory map)은 각 디렉터리엔트리의 '필드의 길이부의 길이' '첫자위치부의 길이' 등을 표시하는 요소이다. 필드의 길이부의 길이는 디렉터리에서 데이터필드의 길이를 표시하는 부분의 글자수를 나타내는 요소로서, 모든 포맷이 네글자로 되어있기 때문에 항상 '4'가 된다. 첫자위지부의 길이는 디렉터리에서 데이터필드의 첫자위치를 표시하는 부분의 글자수를 나타내는 요소로서, 모든 포맷이 다섯글자로 되어있기 때문에 항상 '5'가 된다. 施行定義部의 길이는 각 디렉터리의 시행정의부의 길이를 표시하는 요소로서, UNIMARC와 USMARC에만 정의되어 있으나 사용은 되고 있지 않다.

한편 레코드의 맨마지막에는 ISO 2709에 따라 필드구분기호(field terminator)를 사용하지 않는다.

이상에서 살펴본 바와 같이, 레코드레이블은 레코드에 대한 특정의 정보를 제공해주는 부분으로서, 정보검색을 위한 도입부분이다. 그 구조에 있어서는 모든 포맷이 동일하지만, 用語에 있어서 다소 차이를 보이고 있을 뿐이다. 대부분의 데이터요소도 모든 포맷에 공통적으로 제시되어 있다. 다만 UNIMARC와 CHINESE MARC에서는 서지적 계층관계에 있는 자료의 상관관계를 나타낼 수 있도록 추가의 배려를 하고 있는 점이 특징이라 할 수 있다.

B. 디렉터리

디렉터리(directory)는 '圖書의 目次'9)에 비유될 수 있는 부분으로서, KORMARC에 있어서는 리코드디렉토리에 해당한다.

디렉터리는 레코드를 구성하고 있는 각 필드와 그 필드의 레코드 내에서의 위치를 표시해 줌으로써, 각 데이터요소의 위치를 예상하여 표시자(tag)별로 신속하게 검색할 수 있도록 하기 위해 편성된다. 즉 디렉터리를 설정해줌으로써 情報檢索시에 찾고자 하는 데이터요소에 접근하기 위해서 가변장필드의 모든 데이터요소를 일일이 접근하지 않고서도, 표시자를 매개로 하여 디렉터리에 제시된 위치로 직접 접근할 수 있기 때문에 정보검색 시간을 단축시켜 줄 수 있는 것이다.

디렉터리는 모든 포맷이 동일한 구조와 내용으로 구성되어 있다. 즉 다섯 포맷 모두 디렉터리는 표시자, 필드의 길이(field length), 첫 자위치(starting character position)의 세요소로 이루어지는 여러 개의 디렉터리엔트리(directory entry)로 구성되며, 각 디렉터리엔트리는 항상 12자를 한단위로 편성되는 固定長이 된다. 그러나 이 디렉터리엔트리들의 집합으로 이루어지는 디렉터리는 표시자의 수에 따라 달라지기 때문에 可變長이 된다. 디렉터리 내에서 각 디렉터리엔트리는 오름차순에 의해 배열되게 된다.

디렉터리엔트리의 구조는 그림 2-2와 같다.

[그림 2-2] 디렉터리엔트리의 구조

자 리 수	0	1	2	3	4	5	6	7	8	9	10	11
엔트리요소	표시자			필드의 길이			첫자위치					

---

9) MARC Development Office. LC. *Information on the MARC system*. 4th ed. Washington, LC, 1874. p 4.

表示字는 레코드의 해당테이터필드를 표시해주는 부호로서, 현재
는 다섯포맷 모두 세자의 아라비아숫자로 표시하고 있다. 이 표시자
는 디렉터리에만 포함될 뿐이며, 해당필드의 데이터에는 부가되지
않는다. 필드의 길이는 지시자와 서브필드식별자, 데이터요소, 필드
구분기호 등을 포함한 각 필드의 전체길이를 표시한다. 첫자위치는
각 필드의 시작위치를 표시해주는 요소이다.

한편 디렉터리의 맨마지막에는 필드구분기호가 오게 된다.

C. 데이터필드

데이터필드(data field)는 MARC 레코드의 핵심을 이루는 부분으
로, 그 구조와 내용은 각 포맷의 互換性에 절대적인 영향을 미치게
된다. 데이터필드는 크게 저어필드(control field)와 기타 가변장 데
이터필드로 구분할 수 있다.

1. 制御필드

제어필드는 레코드를 처리하기 위해 필요한 정보를 코드화하여 제
공해주는 고정장으로 이루어지는 부분이다. 이 필드는 UNIMARC와
CHINESE MARC, JAPAN MARC의 경우는 레코드識別番號필드에
해당한다. 제어필드는 '00'으로 시작되는 표시자를 갖게 된다. 또한
데이터 자체와 필드구분기호만으로 구성되며, 이 필드에서는 지시자
나 서브필드식별자가 사용되지 않는다. 제어필드는 디렉터리의 다음
에 오게 된다. USMARC와 KORMARC에서는 제어번호필드 외에
도, 부호화정보필드 또는 고정장데이터요소(008 필드)를 여기에 포

함하고 있으나, 그밖의 포맷에서는 이를 코드화정보블록으로서 가변
장필드에 포함시키고 있다.10) 그러나 이들 포맷의 경우도 코드화정
보블록의 서브필드는 고정장으로 이루어지게 된다.

제어필드의 구조는 그림 2-3과 같다.

[그림 2-3] 제어필드(00X)의 구조

데이타	필드구분기호

2. 其他 可變長 데이터필드

가변장 데이터필드는 서지데이터나 목록데이터를 수록하게 되는
필드로서, 제어필드의 다음에 오게 된다. 기본적으로 서지레코드는
그 가운데 상당수의 데이터가 가끔씩만 나타나고, 경우에 따라서는
레코드에서 서로 다른 다양한 횟수로 반복되기도 하고, 어떤 데이터
요소는 각 레코드에 따라서 길이가 달라질 수도 있기 때문에, 자연
히 고정장으로는 적합치 않다.11) 그리하여 대부분의 포맷에서는 데
이터필드를 내용표지기호를 부여하여 가변장으로 사용하고 있다. 따
라서 가변장 데이터필드는 데이터와 필드구분기호는 물론 지시자와
識別字를 포함하게 된다. 다만 JAPAN MARC의 경우는 ‘일본어 서
지정보 처리상 특히 필요가 없었기 때문에’12) 지시자를 사용하지 않
고 있다.

가변장 데이터필드의 구조는 그림 2-4와 같다.

---

10) 부호화정보필드 또는 부호화정보블록의 데이터내용은 제3장 참조.
11) Ellen Gredley and Alan Hopkinson. *op. cit.* pp. 49-50.
12) JAPAN/MARC マニュアル. 第3版. 東京, 國立國會圖書館, 1988. p. 5.

[그림 2-4] 포맷별 가변장 데이터필드의 구조 대비표

UNIMARC, USMARC, KORMARC, CHINESE MARC의 경우

지시자	서브필드식별자	데이타	…	필드구분기호

JAPAN MARC의 경우

서브필드식별자	데이타	…	필드구분기호

지시자는 JAPAN MARC를 제외한 모든 포맷에서 제1지시자와 제2지시자가 사용되고 있다. 서브필드식별자는 JAPAN MARC를 제외한 다른 포맷에서는 境界區分記號(delimiter)와 데이터요소식별자(data element identifier)를 사용한다. JAPANMARC에서는 이 두부호 다음에 데이터부의 길이를 나타내는 3자의 숫자와 데이터부의 모드(mode)를 나타내는 1자의 숫자를 추가하고 있다. 모든 포맷에서는 각 필드 내에서 서브필드를 필요에 따라 반복하여 사용할 수 있도록 한다. 이와 같은 각각의 데이터필드는 디렉터리에 수록되어 있는 표시자에 의해 식별되게 된다.

한편 모든 필드의 맨마지막에는 항상 필드구분기호가 부가되며, 레코드의 마지막에는 레코드區分記號(record terminator)가 부가된다.

D. 內容標識方法

내용표지법(content designation)은 '어떤 레코드에 수록되어 있는 데이터요소를 明示的으로 식별하고 추가의 특성을 부여하는 동시에 그 데이터의 조작을 돕기 위해 설정된 여러 가지 코드와 관행'13)을 말한다. 따라서 이론상으로 말한다면 전통적인 카드목록에서 사용하는

---

13) *MARC for library use. 2nd ed: understanding integrated USMARC. op. cit.* pp. 331-332.

ISBD의 구둣점도 이와 같은 내용표지를 위한 기호라 할 수 있다.

일반적으로 MARC에서는 앞서 살펴본 표시자와 지시자, 서브필드 식별자를 사용하여 내용표지를 하게 된다. 그러나 본고에서는 고정장필드 및 고정장 서브필드의 코드화 데이터에 대해서도 그 표지방법을 함께 고찰해보고자 한다.

1. 固定長 데이터要素의 內容標識方法

레코드레이블을 포함한 고정장필드 또는 서브필드의 데이터요소들은 상대적인 자리수(relative character position)에 의해 식별되며, 대개는 그 부호값(codedvalue)에 의해 내용을 나타내게 된다.

이와 같은 고정장 데이터요소를 표지하는 방법으로는 규정된 문자기호를 해당위치에 표지하여 그 내용을 판독할 수 있도록 하는 문자기호대입법과 해당자리에 일정한 수치를 입력하는 수치대입법, 검색하고자 하는 정보가 대상자료에 포함되어 있는지의 여부를 판별할 수 있도록 有無관계기호만을 표지하는 유무판별법, 먼저 대표되는 지시자 한자로서 그 다음에 부속되어 있는 데이터요소의 내용을 표지하고 그 다음에는 그 내용을 세분시켜 입력하는 대표지시자선행법, 미리 설정된 코드표에 따라 해당하는 코드를 선정하여 입력하는 코드표지방법, 미리 설정된 다수의 지시자를 결합하여 표지하는 결합지시자표지법 등이 사용되고 있다.14)

---

14) 玄圭燮. 기계가독목록법에 있어서의 고정장필드에 관한 연구. *op. cit.* pp. 59-63.

2. 內容標識記號의 分析

내용표지기호(content designator)는 '여러 데이터요소를 식별하고 어떤 데이터요소에 관한 추가의 정보를 제공하기 위한 코드'15)로서, 레코드에 수록되어 있는 서지정보의 유형을 명시적으로 식별하기 위한 문자나 코드16)라고 할 수 있다.

목록카드와 같이 일정한 紙面에 기록하거나 단위카드와 같이 著錄 단위로 목록이 구성되어 있는 경우에는, 개개의 데이터요소를 개별화하거나 식별하기 위한 별도의 코드를 부여할 필요가 없었다. 즉 목록카드에 있어서는 목록정보가 默示的으로 표현되어 있는 경우라 하더라도 인간이 이를 눈으로 직접 확인하여 각각의 테이터요소의 내용을 식별할 수 있을 뿐만 아니라, 각각의 데이터요소가 시작되고 끝나는 위치를 구별할 수 있는 것이다.

그러나 컴퓨터의 경우는 이와 같은 묵시적인 식별기능이 불가능하기 때문에, 각각의 데이터요소를 분명히 구분시켜 주고 각 요소가 시작되고 끝나는 위치를 상세하게 결정해줄 수 있는 수단을 제공함으로써, 각각의 데이터요소가 明示的으로 식별되도록 하 야 하는 것이다.17) 결국 내용표지기호는 이와 같은 명시성을 부여하기 위한 수단이라 할 수 있다.

앞서 살펴본 바와 같이 내용표지기호는 표시자와 지시자, 서브필드식별자로 구성되는데, 다음에는 그 각각에 대하여 구체적으로 살펴보고자 한다.

---

15) *UNIMARC manual. op. cit.* p. 2.
16) R.Renaud. Resolving conflicts in MARC exchange: the structure and impact of local options. *Information technology and libraries* 3(3) (Sep. 1984). p. 256.
17) Information System Office, LC. *MARC manuals used by the Library of Congress.* 2nd ed. vol.2. Chicago, ALA, 1970. p. 2.

(1) 表示字

표시자는 해당필드에 대한 레이블로서 사용되는 것으로,[18] 다섯 포맷 모두 세자리의 숫자코드를 사용하고 있는데, 필드 자체에는 수록되지 않고 디렉터리엔트리에 수록된다. 이 표시자에 의해 식별되는 필드는 대개 전통적인 목록의 데이터요소의 집합으로서 구성되게 된다.[19]

USMARC와 KORMARC에 있어서는 표시자의 첫 번째 문자는 전통적인 목록레코드에서의 데이터의 기능, 즉 基本標目과 부출표목, 주제명부출표목 등을 식별하며, 두 번째 문자는 개인명과 서명, 단체명 등과 같은 필드의 데이터의 종별을 식별하고, 세 번째 문자는 이를 더욱 세분하고 있다. 따라서 이 두 포맷의 가변필드는 표시자의 첫 번째 문자에 의하여 블록화될 수 있을 것이다. 다만 KORMARC의 聯關著錄필드의 표시자(451-473)는 760-789로 변경되어야 할 것이다.[20] 그 이유는 한국문헌자동화목록법 연속간행물용 실험용포맷에서도 이를 760-787 필드에 설정하고 있고, USMARC에서도 이를 760-787 필드에 설정하고 있을 뿐만 아니라, 현재의 451-473 필드는 총서표시블록의 중간에 삽입되어 있어, 부출되지 않거나 변형되어 부출되는 총서명이 연간저록에 포함되게 되는 불합리성을 갖게 되기 때문이다. 이것은 포맷간의 일관성유지는 물론 장차의 통합된 단일포맷을 작성할 경우에 대비한다는 점에서도 정당화될 수 있을 것이다.[21]

한편 UNIMARC와 CHINESE MARC, JAPAN MARC에서는 엄격히 구분된 기능별블록에 따라 표시자를 부여하고 있다. 즉 이들 세 포맷은 우선 데이터를 기능별블록으로 나누어 첫 번째 문자를 부여하고, 두 번째 이후의 문자로 데이터내용의 유형 등을 규정하고 있는 것이다.

---

18) *UNIMARC manual.. op. cit.* p. 4.
19) 데이터요소의 구성과 표시자와의 관계, 편목규칙과의 관계에 대해서는 제3장 참조.
20) 吳東根. MARC포맷에 관한 비교연구(II). 情報管理學會誌 3(2) (1986). p. 97.
21) *Loc. cit.*

 JAPAN MARC도 블록의 구분은 식별블록과 코드화정보블록, 기술블록, 접근점블록으로만 구분하고 있으나, 표시자는 UNIMARC에 따라 부여하고 있다. 다만 OXX필드와 1XX 필드를 제외한 표시자에는 UNMARC의 표시자에 50이나 60을 더한 숫자를 사용하고 있다. 이것은 JAPAN MARC의 경우 서명과 저자표시가 漢字로 표시되어 있는 것이 많고, 이것을 그대로 배열할 수가 없기 때문에, '質的差異를 고려하여 다른 기호로 표시하였기 때문이다'.22) 결과적으로 표시자의 의미가 UNIMARC와 완전히 동일하지는 않다는 점에서 JAPAN MARC의 설계자들은 표시자를 변경시켜 사용하도록 하였던 것이다. 또한 JAPAN MARC에서는 기술블록과 접근점블록의 데이터를 연결시키기 위해, 기술블록의 서명저자사항필드와 접근점블록의 서명의 讀音과 저자명의 독음필드의 표시자 말미 두글자를 동일한 번호로 표시하도록 하고 있다.

(2) 指示字
 지시자는 '필드의 내용이나, 레코드에 수록되어 있는 필드 사이의 관계, 어떤 특정데이터의 처리과정에서 필요한 조치에 관한 추가의 정보를 제공해주는'23) 기호로서, JAPAN MARC를 제외한 다른 포맷에서 모두 사용되고 있다.
 지시자는 제1지시자와 제2지시자가 사용되며, 아라비아숫자로 표시된다. 지시자는 각 필드와 관계없이 독립적으로 규정되며, 그 의미도 독립적으로 해석된다.
 지시자의 기능은 크게 데이터처리에 대한 지시기능과 데이터내용의 세분 및 수식기능으로 구분할 수 있다. 데이터처리에 대한 지시는 데이터의 부출여부나 주기에 있어서 標出語의 표시여부 등을 지시하는 出力指定에 관한 지시와, 배열의 순서나 배열에 있어서 무시

---

22) 石山洋. ジャパン マク仕樣書の槪要. *op. cit.* p. 11.
23) *UNIMARC manual. op. cit.* p. 3.

되는 문자수 등을 지시하는 排列指示로 세분할 수 있고, 내용의 세분 및 수식은 자료의 소장사장 등을 지시하는 이용가능성표시와, 자료의 언어나 표기에 사용된 언어를 지시하는 언어지시, 기록의 완전성 등을 지시하는 데이터의 품질에 관한 지시, 데이터의 修飾세분 등으로 세분할 수 있다.24)

한편 JAPAN MARC에서 지시자를 사용하지 않음으로써 포맷을 복잡하게 하는 하나의 원인이 되고 있다. 그 대표적인 예로서 서명의 첫머리에서 배열시에 무시되는 冠詞 등이 있을 때에는, 이를 표시하기 위하여 서명저자표시사망(251)에서는 관사를 포함시켜 표시하고, 서명의 讀音필드에서는 관사를 생략하여 표시하고 있는 것이다. 그러므로 JAPAN MARC에서도 앞서 살펴본 기능을 효과적으로 수행할 수 있도록 자기 위해서는 지시자의 사용이 고려되어야 할 것이다.25)

(3) 識別字

서브필드식별자는 가변장필드의 각각의 서브필드를 식별하기 위한 코드로서, 필드내의 데이터를 세분하고 이를 식별하며 부가적인 정보를 부여한다.

서브필드식별자로는 JAPAN MARC를 제외한 다른 포맷에서는 두자의 코드를 사용하며, JAPAN MARC에서는 여기에 서브필드의 데이터부의 길이를 표시하는 세자의 숫자와 데이터부의 모드(mode)를 표시하는 한자의 숫자를 추가한 여섯자의 코드를 사용하고 있다. JAPAN MARC의 데이터부의 길이는 서브필드데이터의 검색을 용이하게 하기 위한 것이며, 데이터부의 모드는 사용된 문자세트가 英數字(alphanumeric)인지 漢字인지를 표시하기 위한 것이다. 특히

---

24) 丸山昭二郎. 主要MARCフォマットと目錄法. 圖書館學會年報 27(3) (1981. 9) pp. 106-107.
25) JAPAN MARC에 있어서 지시자의 필요성에 대해서는, 小田泰正. *et. al.* JAPAN/MARCの利用システムとその問題點. 圖書館界 34(4) (1983. 1). p. 318; 丸山昭二郎. *op. cit.* p. 109. 참조.

JANPAN MARC의 경우에는 최소의 서브필드만을 사용하고 있고, 또한 서브필드의 갯수나 동일항목의 반복횟수, 길이 등이 일정치 않으며, 문자의 표시에 있어서도 영수자모드와 한자모드를 함께 사용하기 때문에, 그 처리를 용이하게 하기 위해 설정된 것이다.

서브필드식별자의 첫 번째 코드는 경계구분기호(delimiter)라 하는데, USMARC에서는 '‡'를 사용하고 다른 포맷에서는 '$'를 사용한다. 한편 데이터요소 식별자(data element identifier)로 불리는 두 번째 코드로는 UNIMARC와 USMARC, CHINESE MARC에서는 알파벳소문자라 아라비아숫자, KORMARC에서는 알파벳소문자, JAPAN MARC에서는 알파벳대문자를 각각 사용한다.

서브필드식별자는 각 필드와는 독립적으로 정의되며, 기본적으로 데이터요소를 식별하기 위해 정의되는 것이며 각 요소의 배열순서를 결정하기 위한 것은 아니다. 따라서 데이터요소의 배열순서는 각 포맷이 준거하고 있는 편목규칙에 의해 결정되어야 한다.

(4) 內容標識記號의 互換性

각 포맷에서는 경우에 따라 동일한 기능을 수행하는 데 있어서 서로 다른 내용표지기호를 사용하기도 한다. 이와 같은 호환성이 생기게 되는 근본적인 이유는 기본적으로 편목규칙에 있어서 규정상의 차이나 데이터 세분에 있어서의 차이 등에서 생기는 것이지만, 각 내용표지기호, 즉 표시자와 지시자, 서브필드식별자에 대한 해석상의 차이에도 그 원인이 있다

이와 같은 차이로 인하여 해당하는 데이터가 없어서 소정의 내용표지기호를 완전히 부여할 수 없을 경우에 대비하여 UNIMARC에서는 소위 補充文字(fill character)를 사용하도록 하고 있다. 그러나 이와 같은 문제를 근본적으로 해결하기 위해서는 내용표지기호에 대한 정의와 사용법에 대한 통일적인 규정이 명확히 설정되어야 할 것이다.

　　이상에서 살펴본 바와 같이 각 포맷은 레코드의 구조에 있어서는 거의 동일한 구조와 내용을 가지고 있을 뿐만 아니라 내용표지법에 있어서도 대체적으로는 서로 유사함을 알 수 있거니와, 다음에는 데이터요소와 직접 관련된 내용에 대하여 상세히 분석해 보고자 한다.

Ⅲ. 레코드의 內容에 대한 分析

레코드의 내용은 각 필드에 기록되는 데이터요소로 이루어진다. 데이터요소는 '명시적으로 식별되는 정보의 最小單位'1)로서, 이 데이터요소들이 모여 하나의 필드가 되고, 이 필드들이 도여 하나의 레코드를 구성하게 되는 것이다.2)

레코드의 내용은 주로 기록대상서지자료의 성격과 레코드의 용도, 레코드에서 사용하게 되는 각종 표준에 따라 결정되게 된다.3) 데이터요소를 처리하기 위한 대표적인 규칙으로서는 編目規則이 마련되어 사용되고 있기 때문에 레코드의 내용은 자연히 편목규칙의 관례에 따라 영향을 받게 된다. 그리하여 본장에서는 우선 MARC 포맷과 편목규칙의 상호관계를 규명하고, 아울러 MARC 포맷에서 데이터요소를 직접적으로 다루게 되는 데이터필드의 데이터요소를 固定長 코드화 데이터요소와 可變長 데이터요소로 구분하여 구체적으로 분석하고자 한다.

---

1) *UNIMARC: Universal MARC format*. 2nd ed. London, IFLA, 1980. p.3.
2) 서지데이터와 서지레코드 등의 관계에 대해서는 Ellen Gredley and Alan Hopkinson. *op. cit.* pp. 1-37 참조.
3) Ellen Gredleyand Alan Hopkinson, *op. cit.* p. 60.

A. MARC 포맷과 編目規則

앞서 살펴본 바와 같이, MARC는 전통적인 목록을 컴퓨터를 이용하여 자동화하여 개발된 것이므로, 기존의 편목규칙이 MARC에도 그대로 적용되게 됨은 당연한 이치라 하겠다. 다만 MARC가 갖는 여러 가지 특성으로 인하여, MARC는 기존의 편목규칙에 따라 개발되기는 하였지만, 또한 편목규칙 자체의 改訂에도 영향을 미쳤을 것으로 예상할 수 있다. 그리하여 본절에서는 MARC과 편목규칙의 상호관계를 USMARC와 UNIMARC를 중심으로 규명해보고자 한다. 기본적으로 KORMARC는 USMARC과, CHINESE MARC와 JAPAN MARC는 UNIMARC와 동일한 방식을 채택하고 있으므로, 두 포맷에 대한 고찰은 다른 포맷에도 그대로 적용될 수 있을 것이다.

목록이 기본적으로 자료를 檢索하기 위한 道具로서 출발하였다는 점에서 볼 때, 검색의 접근점(access point)이 되는 표목이 갖는 중요성은 대단히 크다. 이와 같은 표목의 선정은 목록의 기능과도 밀접한 관련을 갖는 것으로서, C.A. Cutter 이래로 저자명과 서명, 주제가 목록의 기능을 수행하기 위한 중요한 항목으로 중요시되고 있다.

그러나 전통적인 카드목록에 있어서는, 목록이 이용자가 접근할 수 있는 여러 항목들을 標目으로 삼아 그 저작에 관한 記述事項을 기록한 카드를 작성하여 이루어진다고 하더라도, 이와 같은 카드를 작성하는 데 있어서 기본이 되는 기본카드가 필요하게 되는데, 이와 같이 문헌을 검색하고 식별하는 데 필요한 모든 사항을 가장 기본적으로 기록한 저록을 基本著錄(main entry)이라 한다.

따라서 단일저록의 목록을 유지할 경우에 있어서는 여러 가지 검색의 접근점 가운데 어느 것을 기본표목4)으로 삼아야 할 것인지를 결정

---

4) '기본표목'은 영어의 'main entry' 가운데 표목에 해당하는 부분을 가리키는 것이다. 이때 著錄전체를 지칭하는 경우에는 '기본저록'이라는 용어를

해야 한다. 표목과 저록요소의 표준화를 위해 1961년에 제정된 소위 파리原則에서는 저자명을 제일차적으로 기본표목으로 선정하도록 규정하고 있다. 파리원칙은 이후의 편목규칙에 직접적인 영향을 미쳐 영미목록규칙을 비롯한 각국의 편목규칙에서 이를 수용하게 되었다. 이와 같은 基本著錄의 개념은 AACR2R에까지 그대로 이어지고 있다.

　이와 같은 기본저록의 개념을 전제로 하는 편목규칙의 영향 아래에서 LC MARC로서 출발했던 USMARC 포맷은 현재도 기본적으로 기본저록의 개념을 그대로 받아들이고 있다. 즉 LC에서 사용하고 있던 목록에 근거를 두고 MARC 포맷이 개발되었기 때문에 기본저록 카드의 형식과 순서가 그대로 반영되었던 것이다. 따라서 USMARC 포맷에서는 가변장 데이터필드를 그 기능에 따라 여러 블록으로 구분하여, 그 表示字의 첫자로서 전통적인 목록 내에서의 기능을 식별하도록 하고, 표시자의 나머지 부분으로서 필드내의 정보의 유형을 식별하도록 하고 있다. 전통적인 카드목록에 나타나는 서지데이터와 USMARC 포맷의 블록별 데이터를 대비해 보면 표 3-1과 같다.

[표 3-1] 카드목록과 MARC 포맷의 데이터 비교표

구분 기능	카드목록	USMARC포맷		
	데이타요소	표시자	블　　　록　　　명	
위치확인	청구번호	OXX	제어정보, 식별번호 및 분류번호	
검　　색	기본표목	1XX	기본표목	
식　　별	서명저자표시 판차 출판사항	2XX	서명 및 서명관련사항	
	형태기술	3XX	형태기술사항 등	

　사용한다(정필모. 목록조직론. 서울, 구미무역, 1988. p. 25. 참조). 한편 표목의 주요부분을 가리키는 'main heading'에 대해서는 '主標目'이라는 용어를 사용하고자 한다.

	총서표시	4XX	총서표시
	주기사항	5XX	주기사항
검　　색	표목지시	6XX	주제접근필드
		7XX	주제나 총서 이외 부출표목(연관저록)
		8XX	총서부출표목 등

표에서 알 수 있는 것처럼, USMARC에서는 전통적으로 사용되어 온 事務用 基本目錄카드의 기재방식에 따라 카드상의 기재사상을 위에서부터 아래로 차례대로 그룹화하고 더욱 세분화하여 레코드를 작성하도록 하고 있음을 알 수 있다. 즉 레코드 자체를 처리하기 위한 데이터와 분류번호 등을 제외하면, 기본표목이 맨앞에 오게 되고 이어 기술부에 해당하는 블록의 데이터들이 배정되며, 그 이후에 標目指示事項에 기재되는 부출표목에 해당하는 데이터들이 오도록 하고 있는 것이다.

또한 1XX와 4XX, 6XX, 7XX, 8XX 블록에서는 內容標識法에 있어서 표목의 성격에 따라 다음과 같이 대등한 의미가 유지되도록 배려하고 있다:

  X00 개인명(personal names)
  X10 단체명(corporate names)
  X11 회의명(meeting names)
  X30 통일서명(uniform titles)
  X40 서지적 서명(bibliographic titles)
  X50 일반주제어(topical terms)
  X51 地名(geographic names)

결과적으로 표목이나 접근점으로 사용될 수 있는 어구나 항목을 일관성있게 사용하도록 전통적인 편목규칙의 관례에 따라 助記性을 부여하고 있음을 볼 수 있다.

한편 자료와 문헌의 폭발적인 증가에 따라 점차 이들을 서로 식별하기 위한 요소에 대한 관심이 높아지게 되었다. 즉 어떤 출판물을 기록하고 식별하기 위한 서지데이터들로 이루어지는 書誌的 記述에 있어서 어떤 요소를 어떤 형식과 어떤 순서로 기재할 것인가 하는 것이 문제가 되었던 것이다. 이와 같은 문제를 통일적으로 해결하기 위하여 국제적 표준으로서 제정된 것이 바로 ISBD이다. ISBD에 의하여 기술부의 표준화가 이루어짐으로서 통일적인 기술이 가능해지게 되고 아울러 전통적인 단일저록의 유용성에 대한 비판이 대두되면서 등장한 것이 단위카드(unit card)의 개념이라 할 수 있다. 이는 표준적인 기술에 의해 작성된 표준카드를 복제하여 필요한 표목을 부여하여 사용하도록 하는 개념이다. 이와 같은 단위카드의 사용과정에서는 기본저록방식의 경우 카드목록에 있어서 기본표목 위에 부출표목이 기재됨으로서 표목의 형태에 있어 불합리성이 나타나게 되고 또한 자동화된 시스템의 情報檢索과정에서는 기본저록의 개념 자체에 대한 회의가 제기됨에 따라, 모든 표목의 가치를 동일시하고자 하는 주장이 나타나게 되었다. UNIMARC는 이와 같은 개념을 바탕으로 하여 이루어진 것으로서, 우선 데이터를 기능별로 나누어 10개로 블록화하고, 이 10개의 블록을 레코드의 구성요소로서 짜넣는 분석방식을 취하고 있다. 그 결과 어느 면에서는 UNIMARC가 USMARC에 비해 정보검색을 비롯한 도서관 자동화시스템 내에서 커 유연하게 레코드를 활용할 수 있도록 하고 있다고 할 수 있다.5)

UNIMARC의 機能別 블록을 살펴보면 표 3-2과 같다.

---

5) 田村貴代子 等. UNIMARC-その成立と將來. びぶろす 28(6) (1977. 6). p. 126.

[표 3-2] UNIMARC의 기능별 블록

표시자	블 록 명
0 —	식별블록(identification block)
1 —	코드화정보블록(coded information block)
2 —	기술정보블록(descriptive information block)
3 —	주기블록(notes block)
4 —	연관저록블록(linking entry block)
5 —	관련서명블록(related title block)
6 —	주제분석블록(subject analysis block)
7 —	知的責任블록(intellectual responsibility block)
8 —	국제적 사용블록(international use block)
9 —	국가적 사용블록(national use block)

표에서도 알 수 있는 것처럼, UNIMARC에서는 MARC의 특징적인 필드 이후에는 기술부를 우선 앞세우고 있다. 이것은 AACR2를 비롯한 ISBD 이후의 편목규칙에서 표목부보다 記述部를 앞에 두고 있는 일반적인 관례와도 일치하는 것이다. 또한 검색의 접근점이 되는 요소에 대해서도 이를 서명과 주제명, 저자명으로만 구분했을 뿐, 기본저록이나 부출저록의 개념이 기능별 블록의 구분한계에서는 적용되지 않고 있음을 볼 수 있다.6)

한편 ISBD 이후 편목규칙 나타난 또 하나의 體裁上의 변화는 모든 자료에 공통으로 적용될 수 있도록 하는 규칙을 우선하는 것이다. 이미 ISBD의 개발을 통하여 경험한 바와 같이, 각 자료별로 별도의 규칙을 개발하고 유지하는 데 있어서는 일관성의 결여라는 문제가 발생하게 된다. 그리하여 ISBD의 개발과정에 있어서도 ISBD(M)의 ISBD(S)의 준비중에 바로 ISBD(G)의 개발에 착수하게 되었던 것이

---

6) 또한 UNIMARC에서는 기본표목이나 부출표목과 같은 용어의 사용 자체를 피하고 있음을 볼 수 있다. 예를 들면 서명의 부출여부를 USMARC에서는 245필드의 제1지시자에서 'Title added entry'로서 표시하고 있음에 비해, UNIMARC에서는 200 필드의 제1지시자에 'Title significance indicator'로서 표시하고 있다.

다. 이러한 예는 이후의 편목규칙에도 그대로 적용되고 있는데, AACR2의 경우도 기술부에 있어서는 먼저 總則을 앞세우고 이후에 각 자료별로 구분하여 별도의 특징적인 요소들에 대한 기술방법을 추가로 상세히 규정하고 있다.

이와 같은 변화는 MARC 포맷에도 그대로 영향을 미치게 되어, LC MARC의 경우초기에 각 자료별로 별도로 개발되었던 포맷들이 점차 統合의 과정을 거치게 되었던 것이다.7) 한편 UNIMARC는 USMARC와 달리 처음부터 단행본과 연속간행물, 지도자료, 필름, 악보, 녹음자료 등을 대상으로 살 수 있도록 개발되었다. 이런 의미에서 본다면 UNIMARC는 지역에 있어서 전 세계를 망라하는 'universal'한 포맷이었을 뿐만 아니라 그 收錄對象의 범위에 있어서도 'universal'한 포맷이라고 할 수 있을 것이다. 1987년의 UNIMARC manual에서는 그래픽자료와 영사자료, 녹화자료, 컴퓨터자료로 그 대상범위를 더욱 확대시키고 있다.

이상에서는 편목규칙의 발전과 MARC 포맷의 발전이 서로 밀접한 관계를 가지고 영향을 미치고 있음을 밝혔다. 다음에는 이과 같은 서지데이터들이 즉 MARC 포맷에 어떻게 반영되고 있는지를 구체적으로 분석해 보고자 한다.

B. 固定長 코드化 데이터요소의 分析

고정장필드나 고정장서브필드는 컴퓨터에 데이터를 입력시키는 가장 기본적인 방법으로, 데이터를 일정위치에 맞추어 입력하여 그 길이를 모두 동일하게 만든 것을 말한다. 이 고정장필드나 고정장서브필드는 전통적인 목록과는 달리 MARC만이 갖는 특징적인 부분으

---

7) USMARC의 통합과정에 관해서는 제1장 참조.

로서, 각각의 고정장필드나 서브필드에 수록되는 데이터요소는 코드화 데이터의 형태로 입력되게 된다.

원래 이과 같은 종류의 코드화 데이터를 MARC 레코드에 포함시켰던 이유는 초상기의 데이터처리에 있어서는 코드를 찾아내는 것이 데이터요소를 찾아내는 것보다 용이하였을 뿐만 아니라 MARC 테이프와 시스템에서 記憶空間을 적게 차지하기 때문이었다고 한다.8)

고정장필드나 서브필드를 구성하는 코드화 데이터요소는 대체로 전체레코드를 판독하기에 앞서 그 레코드의 성격을 검색할 수 있도록 해주거나, 목록기술상에 묵시적으로 되어 있는 사항을 명시적으로 나타내 주거나, 목록기술상에 나타나지 않지만 유용한 정보를 제공해 주거나, 가변장필드 속에 중요한 데이터요소가 있는지 그 유무를 판별해 주거나, 可變長필드 속에 수록되어 있는 데이터요소를 쉽게 검색할 수 있도록 하는 기능을 수행하게 된다.9)

레코드레이블의 데이터도 이미 살펴본 바와 같이 고정장으로 되어 있으나, 본절에서는 데이터필드의 고정장 코드화 데이터요소를 대상으로 각 포맷별로 이를 구체적으로 분석하고자 한다.10) 데이터필드의 고정장 코드화 데이터요소는 USMARC의 고정장 데이터요소필드(08)와 KORMARC의 符號化정보필드(008), UNIMARC와 CHINESE MARC, JAPAN MARC의 코드화정보블록(1-)의 고정장서브필드의 데이터요소들이 여기에 해당한다고 할 수 있다.11)

USMARC와 KORMARC의 008필드에는 자료의 검색상 일반적으로 필요한 사항들이 40자리의 고정장필드에 편성되어 있다. 특히

---

8) Ellen Gredley and Alan Hopkinson. *op. cit.* p. 7.

9) 玄圭燮. 기계가독목록법에 있어서의 가변장필드에 관한 연구. *op. cit.* pp. 38-39.

10) 레코드레이블의 데이터요소에 관해서는 제2장 참조.

11) 이밖에도 가변장 데이터필드의 일부 서브필드의 데이터요소(지리구분코드나 연대코드)가 고정장으로 되어 있는 경우가 있으나, 기능상 차이가 있으므로 여기서는 논외로 한다.

USMARC의 경우는 모든 자료에 공통으로 적용되는 부분(00-17; 35-39)과 각 자료별로 별도로 적용되는 부분(18-34)을 구분하여 정의하고 있다. UNIMARC와 CHINESE MARC에는 코드화정보블록에 일반적 처리데이터(100)와 著作의 言語(101), 출판 및 제작국(102), 그리고 각 자료별 코드화 데이터(105-)에 대한 필드가 설정되어 있고, JAPAN MARC에는 일반적 처리데이터(100)와 저작의 언어(101)에 대한 필드만이 설정되어 있다.12)

　이들 데이터필드의 고정장 코드화 데이터요소의 내용을 분석해 보면 크게 저작자에 관한 것과 출판사장에 관한 것, 형태기술사항에 관한 것, 저작내용에 관한 것, 언어에 관련된 것, 그밖의 데이터요소로 구분할 수 있다.13) 각 포맷의 고정장 데이터요소를 내용별로 비교해 보면 표 3-3과 같다.

[표 3-3] 포맷별 더 이터필드의 고정장 코드화 데이터요소 대비표

내 용	UNIMABC	USMARC	KORMARC	CHINESE MARC	JAPAN MARC
저 작 자 사　항	정부간행물코드	정브간행물코드	정부간행물코드 대학간행물코드	정부간행물코드	정부간행물코드
형태기술 사　항	삽도코드 색인지시자 복제유형코드	삽드코드 색인지시자 자료의 형식	삽도코드 색인지시자 자료형태코드	삽도코드 색인지시자 복제유형코드	
출판사항	출판년의 유형 출판년 1 출판년 2 출판 제작국	출판년유형코드 출판년 1 출판년 2 출판 제작국	출판년유형코드 출판년 1 출판년 2 출판국명코드	출판년의 유형 출판년 1 출판년 2 출판 제작국	(출판년 유형) 출판년 1 (출판년 2)
저작내용 사　항	대상이용자코드 내용형식코드 회의간행물코드 기념논문집 문학형식코드 전기코드	대상이용자코드 내용형식코드 회의간행물코드 기념논문집 小說지시자 전기코드	지식수준코드 내용형식코드 회의간행물지시자 기념논문집지시자 문학형식코드 전기코드	대상이용자코드 내용형식코드 회의간행물코드 기념논문집 문학형식코드 전기코드	대상이용자코드

---

12) UNIMARC와 USMARC, CHINESE MARC에 대해서도 본고에서는 단행본에 관한 사항에만 한정하여 분석하기로 한다.

13) 玄圭燮. *op. cit.* pp. 51-52.

언어사항	저작의 언어 서명의 언어	언어코드	언어코드	저작의 언어 서명의 언어	저작의 언어
기타사항	파일입력일 수정레코드코드 편목용언어 문자세트 부가문자세트 飜字코드	파일입력일 수정레코드코드 목록전거코드 기본표목 정보	입력일자 목록전거코드	파일입력일 수정레코드코드 편목용언어 문자세트 부가문자세트 번자코드	파일입력일 수정레코드코드 편목용언어 문자세트 (번자코드)

1. 著作者事項

저작자사항의 제일차적 검색대상이 되는 데이터요소의 대표적인 것은 政府刊行物코드이다. UNIMARC와 USMARC, CHINESE MARC에서는 자료를 발행하는 정부기관의 성격에 따라 중앙정부, 지방정부, 국제기구 등으로 구분하여 표시하도록 하고 있고, JAPAN MARC에서는 입력되는 자료가 정부간행물인지의 여부만을 표시하도록 하고 있다. 이들 포맷에서는 한자리로서 이를 표시하게 된다. 그러나 KORMARC에서는 한국의 정부기관을 각 부처별로 세분한 '한국정부기관명부호표'14)에 의하여 두자리의 코드로 표시하도록 하고 있다. 단행본 가운데 정부간행물이 차지하는 비중을 고려한다면, KORMARC의 이와 같은 배려는 정보검색에 있어서 도움이 될 수 있을 것이다.15) 정부간행물코드를 각 포맷별로 살펴보면 표 3-4와 같다.

---

14) 한국문헌자동화목록법. *op. cit.* 부록 4.
15) JAPAN MARC에 대해서도 이와 같은 세분의 필요성이 山崎久道에 의해 지적된바 있다(山崎久道. オンライン檢索データベ―スとして見た JAPAN MARC. 現代の圖書館 22(1) (1984). p. 32.)

[표 3-4] 포맷별 정부간행물코드 대비표

내　　용	UNIMARC	USMARC	CHINESE MARC
연방/국가중앙기구	a	f	a
주연합기구		m	
주/도/직할시기구	b	s	b
시/군/부서기구	c	s	c
지방정부기구	d	l	d
지역연합기구	e	c	e
국제 정부간기구	f	i	f
亡命政府	g		g
수준불명	h	o	h
확인불능	u	u	
비정부간행물	y	b	y
기타정부수준	z	z	
자치 準자치기구		a	

　　결과적으로 UNIMARC와 USMARC, CHINESE MARC에서는 政府機構를 각 수준에 따라 그룹화함으로써 동등한 그룹의 자료를 용이하게 검색할 수 있도록 버려하고 있음을 알 수 있다.

　　한편 KORMARC에서는 각 대학의 출판물을 대학별로 검색할 수 있도록 하기 위하여 '한국대학명부호표'16)에 의한 韓國大學刊行物코드를 부여할 수 있도록 하고 있는데, 이것도 대학간행물의 비중으로 보아 그 검색에 도움이 될 수 있을 것이다.

2. 形態記述事項

　　형태기술사상에 관한 중요정보를 제공하는 데이터요소로는 揷圖코드는 JAPAN MARC를 제외한 모든 포맷에 공통적으로 설정되어 있는데, 우선 삽도의 종류를 지도와 초상화, 설계도, 도판 등으로 세분하고, 그 가운데 중요도에 따라 네종류까지를 선정하여 표시할 수 있도록 하고 있다. 삽도코드를 각 포맷별로 살펴보면 표 3-5와 같다.

[표 3-5] 포맷별 삽도코드 대비표

내 용	UNIMARC	USMARC	KORMARC	CHINESE MARC
일반삽도	a	a	a	a
지도	b	b	b	b
초상화	c	c	c	c
海圖(chart)	d	d	d	d
설계도	e	e	e	e
도판	f	f	f	f
악보	g	g	g	g
복사물(facsimile)	h	h	h	h
紋章 휘장	i	i	i	i
族譜 가계도	j	j	j	j
樣式	k	k	k	k
표본 견본	l	l	l	l
녹음자료 음반	m	m	m	m
투시도	n			n
색장식화(illumination)	o	p		
사진		o		
수표			n	
만화집			t	
無揷圖	y	b	b	y

삽도코드에 있어서는 표에서도 알 수 있는 것처럼, 각 포맷이 큰 차이를 보이지 않고 있으나, 다만 **KORMARC**에서 數表와 만화집을 추가로 표시할 수 있도록 하고 있는 점이 특이하다. 그러나 이들은 삽도적인 성격보다는 내용형식에 속하는 것으로서, 다른 포맷에서와 같이 내용형식으로 옮겨 표시할 수 있도록 하는 것이 바람직하다. **USMARC**에서 별도로 표시하도록 하고 있는 사진은 다른 포맷의 경우는 일반삽도로서 표시될 것이다.

索引지시자 역시 **JAPAN MARC**를 제외한 모든 포맷에 설정되어 있으며, 대상자료에 색인이 포함되어 있는지의 여부만을 식별하도록 하고 있다.

USMARC의 자료의 형식코드는 대상자료의 물리적인 형식을 표시하기 위해 설정된 것이다. 이것은 원래 複製形式을 나타내기 위한 것이 있으나, 자료의 매체에 관한 정보를 나타낼 수 있도록 재정의 된 것이다. UNIMARC와 CHINESE MARC의 경우는 도서형태자료에 대한 코드화 데이터필드(106)에 이를 표시할 수 있도록 하고 있다. 한편 KORMARC에서는 자료형태코드로서 이를 확대하여 설정하고, 地球儀(a)와 지도 및 지도집(b) 등을 포함한 AACR2의 일반자료표시 (general material designation)에서 규정하고 있는 상당부분의 자료까지도 표시할 수 있도록 하고 있다.17) 그러나 이 경우에 있어서 KORMARC가 현재 단행본을 대상으로 하고 있다는 점을 고려한다면, 코드의 설정에 있어서 재고가 필요할 것으로 생각된다.

이들 자료의 형식에 관한 코드를 각 포맷별로 살펴보면 표 3-6과 같다.

[표 3-6] 포맷별 자료의 형식코드 대비표

내 용	UNIMARC	USMARC	KORMARC	CHINESE MARC
대형활자본	d	d		d
신문형식	e			e
점자자료	f	f	F	f
천공카드테이프				g
자기테이프			H	h
마이크로프린트	g			
마이크로필름		a	A	a
마이크로피쉬		b	B	b
마이크로오파크		c		c
필사본	h		l	
多媒體자료	I		I	i
미니프린트	j			s
일반출판물복제	r	r	Z	
기타형식	z		:	z

결과적으로 자료의 형식에 있어서도 KORMARC를 제외하고는

---

17) *Anglo-American cataloguing rules*. 2nd ed. Chicago, ALA, 1978. p. 20.

거의 유사함을 보이고 있다. 다만 UNIMARC에서는 마이크로 형태 자료를 마이크로프린트라는 하나의 형태로 포괄하도록 하고 있음을 볼 수 있으며, 최근에 개정된 UNIMARC와 USMARC에서는 자료의 형식에 일반출판물 형식으로의 복제를 추가하고 있다.

3. 出版事項

출판사항에 관한 제일차적인 검색대상이 되는 데이터요소로는 출판 및 製作國을 나타내는 코드와 출판년을 나타내는 코드가 사용되고 있다.

출판 및 제작국의 경우 UNIMARC와 CHINESE MARCI에서는 이를 별도의 필드(102)로 설정하여 출판국은 물론 출판지역까지도 표시할 수 있도록 서브필드를 설정하고 있다. 두포맷에서는 모두 출판 및 제작국코드로서 ISO 3166[18)]에 따르고 있다. USMARC에서는 管轄機關(authoritative agency)의 데이터요소로서 코드를 표시하도록 하고 있는데, LC의 경우는 자체의 USMARC Code List for Countries를 따르고 있다. KORMARC에서는 '발행국명부호표'[19)]를 사용하고 있는데, 이 표에서는 한국에 대해서는 道까지를 표시할 수 있도록 하고 있다. 그러나 JAPAN MARC는 일본국내출판물만을 대상으로 한다는 취지에 따라 이를 설정하지 않고 있다.

출판년을 표시하는 데 있어서 JAPAN MARC를 제외한 다른 포맷들은 모두 出版年의 類型을 앞세우고 출판년 1(출판시작년도)과 출판년 2(출판완결년도)로 표시하도록 하고 있으며, JAPAN MARC에서는 출판년 하나만을 표시하도록 하고 있다. 출판년의 유형에 대한 코드를 각 포맷별로 살펴보면 표 3-7과 같다.

---

18) *ISO 3166 Codes for the representation of names of countries.* 2nd ed. 1981.
19) 한국문헌자동화목록법. *op. cit.* 부록 1.

[표 3-7] 포맷별 출판년의 유형코드 대비표(단행본에 한함)

내　　용	UNIMARC	USMARC	KORMARC	CHINESE MARC
일회 연내발행단행본	d	s	s	d
자료의 복제	e	r	r	e
출판년 불명	f	n	n	f
推定년도		q	q	
일년 이상 발행	g	m	m	g
출판년 판권년 상이	h	c	c	
배포년 제작년 상이	i			
상세 출판년	j	d		

한편 출판년 1과 출판년 2는 이와 같은 출판년의 유형에 따라 각각 결정되게 된다.

4. 著作內容事項

저작내용에 관한 제일차적 검색대상이 되는 데이터요소 가운데 對象利用者코드(target audience code)는 대상이용자의 지적수준을 나타내기 위한 코드이다. USMARC에서는 아동용도서만을 별도로 표시하도록 하고 있고, JAPAN MARC에서는 아동용도서관 수업용자료로만 구분하고 있다. 한편 KORMARC에서는 이를 知識水準부호로 명명하고, 아동도서와 교과서, 고서, 秘本, 불온도서, 참고도서, 석사논문, 박사논문으로 세분하고 있다. 그러나 이 가운데 참고도서와 석박사학위논문은 다음에 살펴볼 내용형식과 관련된 것으로 내용형식코드에서 표시하도록 하는 것이 바람직하다. 또한 UNIMARC에서는 아동도서 일반과 연령별 아동도서, 성인용도서 연구용, 성인용도서 일반 등으로 세분하고 있으며, CHINESE MARC에서는 IFLA의 ITAC 코드(International Target Audience Code)20)를 사용하여

---

20) IFLA. *International Target Audience Code(ITAC): a proposal and report on its*

교육학술용과 일반용으로 구분하여 각각 세분하고 있다. ITAC 코드는 교육학술용코드에서는 초등학생용과 중고등학생용, 고등교육대상자용, 대학 이상 연구자용, 專門集團用으로 세분하고 있고, 일반용코드에서는 취학전독자용과 아동독자용, 청소년용, 성인용 취미오락용, 성인용 학술저작으로 세분하고 있다.

內容形式코드(form of contents code)는 자료가 어떤 특정유형의 자료형식을 포함하고 있는지를 나타내기 위한 것으로서, 자료의 상당부분이 해당유형으로 되어 있을 경우에만 이 코드를 사용하게 된다. 내용형식코드를 각 포맷별로 살펴보면 표 3-8과 같다.

이 코드는 JAPAN MARC를 제외한 모든 포맷에 설정되어 있으며, KORMARC의 경우는 두자리, 그 이외의 경우는 네자리까지를 중요도에 따라 선정하여 표시하도록 하고 있다.

표에서 알 수 있는 것처럼, 특히 USMARC에서는 법률과 관련된 자료를 상세히 세분하고 있고, 디스크관련자료나 영화관련자료와 같이 최근에 문헌이 급속히 증가하고 있는 자료에 대해서도 배려하고 있음을 볼 수 있다. 아울러 KORMARC에서는 한국적인 특성을 살려 族譜資料를 여기에 표시할 수 있도록 하고 있다. 특히 KORMARC의 경우는 앞서 삽도코드에 설정되어 있던 數表와 만화집을 이 내용형식코드에 표시할 수 있도록 함과 아울러, 프로그램별교재나 기술보고서, 서평 등의 형식에 대한 코드를 추가해야 할 것이다.

會議刊行物코드는 대상자료가 회의록이나 보고서 등 회의자료인지의 여부를 표시하는 것으로, JAPAN MARC를 제외한 모든 포맷에 설정되어 있다. 기념논문집코드는 대상자료가 기념논문집인지의 여부를 표시하는 것으로, 역시 JAPAN MARC를 제외한 모든 포맷에 설정되어 있다. 傳記코드는 해당자료가 전기일 경우에 사용되는 것으로, JAPAN MARC를 제외한 포맷에서 자서전과 개인전기, 전기물의 合著 등으로 세분하여 표시

---

development and testing. London, IFLA International Office for UBC, 1977.

하도록 하고 있다. UNIMARC와 USMARC, CHINESE MARC에서는 서
지정보가 수록된 경우도 표시하도록 하고 있다.

[표 3-8] 포맷별 내용형식코드 대비표

내　　용	UNIMARC	USMARC	KORMARC	CHINESE MARC
서지	a	b	b, f	a
목록	b	c	c	b
색인	c	l	i	c
초록 요약문	d	a	a	d
사전	e	d	d	e
백과사전	f	e	e	f
핸드북		f		
디렉터리	g	r	r	g
통계자료	i	s	s	i
연감			y	
프로그램별 교재	j	p		j
特許자료	k			k
표준	l			l
석박사학위논문	m			m
법률자료	n	l	l	n
법률보고서 해설		w		
법률관계논문		g		
판례 판례해설		v	v	
數値表	o		n	o
기술보고서	p	t		p
시험지 문제지	q		p	q
문헌조사서/서평	r	o, n		
조약	s			
만화	t			
디스크관련자료		k		
영화관련자료		q		
족보			j	
기타	z			

* KORMARC의 b는 서지관계자료, f는 국가서지
　USMARC의 O는 문헌조사자료, n은 서평

文學形式코드는 대상자료가 문학작품에 해당할 경우 그 장르를 표시하도록 하는 것으로서, UNIMARC와 KORMARC, CHINESE MARC에 설정되어 있다. 한편 USMARC에는 소설코드가 설정되어 해당자료가 소설인지의 여부를 표시하도록 하고 있다. 문학형식코드를 각 포맷별로 살펴보면 표 3-9와 같다.

[표 3-9] 포맷별 문학형식코드 대비표(소설코드 포함)

내 용	UNIMARC	USMARC	KORMARC	CHINESE MARC
소설	a	l	f	a
드라마	b		d	b
수필	c		e	c
유모어 풍자	d		h	d
서간문	e		l	e
단편소설	f		j	f
시	g		p	g
연설문	h		s	h
非문학형식	y			y
多形式 및 기타	z		:	z

특히 KORMARC에서는 표에 제시된 것 이외에도 추리소설과 논픽션, 기행문(일기, 수기 포함), 논설문집, 평론, 문집 뿐만 아니라, 한국의 특징적인 문학유형인 鄕歌와 시조, 가사 및 기타 구비문학을 별도로 표시할 수 있도록 코드를 설정하고 있다.

5. 言語事項

언어에 관한 검색을 가능하게 하는 요소 가운데 저작의 언어에 있어서, USMARC와 KORMARC에서는 으뜸이 되는 언어만을 코드화정보필드에 표시하고, 기타의 언어에 대한 데이터요소는 가변장필드의

言語필드(041)에 표시하도록 하고 있으며, UNIMARC와 CHINESE MARC, JAPAN MARC에서는 코드화정보블록에 각각 저작의 언어라는 별도의 독립된 필드(101)를 설정하여 이를 표시하도록 하고 있다. 아울러 UNIMARC와 CHINESE MARC에서는 본서명이나 연속간행물의 核心書名(key title)에 사용된 언어를 일반처리데이터필드에 서명의 언어라는 데이터요소로서 표시하도록 하고 있다.

각 포맷별로 언어필드의 데이터요소를 살펴보면 표 3-10과 같다.

[표 3-10] 포맷별 저작의 언어필드 데이터요소 대비표

내 용	UNIMARC	USMARC	KORMARC	CHINESE MARC	JAPAN MARC
본문의 언어	$a	‡a	$a	$a	$A
번역臺本의 언어	$b	‡h	$h	$b	
원저작의 언어	$c	‡h	$c	$c	$C
요약문의 언어	$d	‡b	$b	$d	
목차면의 언어	$e	‡f	$e	$e	
표제면의 언어	$f		$f	$f	
본서명의 언어	$g			$g	
가사집 등의 언어	$h	‡e			
부록자료의 언어	$i	‡g			
부서명의 언어	$j				
대등서명의 언어			$g		
기타서명의 언어				$h	

번역대본의 언어는 重譯자료의 경우에 사용되며, 목차면과 표제면, 본서명의 언어는 본문의 언어와 다를 경우에만 표시되게 된다. 다섯 포맷 모두 언어코드로서는 LC의 언어코드표를 채택하고 있다.

6. 其他事項

기타의 데이터요소들은 검색요소로서는 중요하다고 할 수 없으나,

레코드 자체에 대한 기본적인 정보를 제공해주는 중요한 데이터요소들이다.

파일입력일은 최초로 레코드가 작성되어 機械可讀形式으로 입력된 날짜를 표시하는 요소로서, UNIMARC와 CHINESE MARC, JAPAN MARC에서는 여덟자리, USMARC와 KORMARC에서는 여섯자리의 부호가 사용된다.

修訂레코드코드는 컴퓨터에서 사용하는 문자세트의 제한 등으로 인하여, 대상자료에 기록되어 있는 데이터를 변경시켜 표시하였는지의 여부를 표시하는 데이터요소이다. KORMARC에서는 이를 별도의 필드(949)를 설정하여 표시하도록 하고 있다.

目錄用言語코드는 편목에 사용된 언어를 표시하는 요소로서, UNIMARC와 CHINESE MARC, JAPAN MARC에 설정되어 있는데, 코드로는 모두 LC의 언어코드표를 채택하고 있다.

文字세트코드는 레코드에서 사용하고 있는 대표적인 문자세트의 종류를 표시하는 요소로서, UNIMARC와 CHINESE MARC, JAPAN MARC에만 설정되어 있으며, 추가의 문자세트를 표시하기 위한 附加文字세트코드는 UNIMARC와 CHINESE AMRC에만 설정되어 있다. 飜字코드 (transliteration code)는 레코드에서 사용하고 있는 번자시스템을 표시하기 위한 요소로서, UNIMARC와 CHINESE MARC에만 설정되어 있다.

목록전거코드는 목록이 작성된 곳을 표시하기 위한 코드로서, USMARC와 KORMARC에만 설정되어 있다.

한편 USMARC에서는 기본표목이 저록의 본체에 나타나 있는지를 표시할 수 있도록 하기 위한 별도의 코드(main entry in body of entry)가 설정되어 있다. 그러나 이 필드는 포맷통합과 관련하여 삭제되기로 되어 있다.

이와 같은 기타의 데이터요소들은 檢索要素로서는 사용되지 않지만, 레코드의 처리에 있어서는 중요한 역할을 하는 요소들이다. 이것은 UNIMARC와 CHINESE MARC에서 파일입력일과 수정레코드코드, 편목용언어코드, 문자세트 등을 필수요소로 규정하고 있는 것에서도 알 수 있다. 특히 이들 요소는 레코드의 상호교환에 있어서 더욱 중요시 될 것이다.

이상에서는 데이터필드의 固定長 데이터요소의 내용에 대해 상세히 분석하였다. 이를 내용별로 구분허 보면, 저작자사항과 형태기술사항, 출판사항, 저작내용사항, 기타사항 등으로 나눌 수 있다. UNIMARC와 CHINESE MARC는 특히 레코드의 상호교환에 중점을 둔 모든 자료를 포괄하는 통합포맷으로서, 코드화정보블록이 일반적 처리데이터필드 외에도 각 자료별로 코드화데이터 필드를 설정하여 모든 사상을 비교적 상세히 규정하고 있다. USMARC도 고정장 데이터요소필드에 모든 자료를 대상으로 적용되는 코드와 각 자료별로 적용될 수 있는 코드를 구분하여 상세히 규정하고 있는데, 특히 최신의 경향을 반영할 수 있도록 하는 코드의 설정이 특징이라 할 수 있다. KORMARC에서는 부호화정보필드가 여기에 해당하는데, 한국대학간행물부호나 문학형식부호 등에 한국적인 특성을 반영할 수 있도록 배려하고 있다. JAPAN MARC는 간략형을 택하고 있기 때문에 거의 일반적 처리데이터에 해당하는 필수적인 요소들만이 포함되어 있고, 도서에 대한 코드화정보는 거의 찾아볼 수 없다.

레코드의 相互交換의 측면에서 볼 때, JAPAN MARC를 제외한 다른 포맷의 경우에 있어서는 고정장 데이터요소가 본질적인 차이점을 갖고 있는 것은 아니다. 따라서 포맷 상호간의 호환성을 증진하기 위해서는 각 코드의 標準化가 필수적이라 하겠다.

C. 可變長 데이터요소의 分析

가변장필드는 데이터요소를 수록하는 데 필요한 길이에 따라서 필드가 결정되는 필드이다. 따라서 엄밀한 의미에서 말하면 레코드레이블을 제외한 나머지 필드들은 모두 가변장필드라 할 수 있다. 뿐만 아니라 때로는 가변장필드내의 일부 서브필드는 필요에 따라 고정장으로 처리되기도 한다.

그리하여 본절에서는 앞서 살펴본 고정장 데이터요소를 제외한 나머지 데이터필드의 데이터요소들을 기술부과 검색부, 식별부로 구분하여 상세히 분석하고자 한다.21)

1. 記述部의 데이터要素

기술부는 전통적인 목록에 있어서 '출판물을 기록하고 식별하기 위한 '서지데이터의 집합'22)으로 이루어지는 부분이다. 즉 수많은 자료를 일일이 식별하기 위하여 필요한 중요한 요소는 어떤 것이고, 그것을 어떤 형식으로 하여 어떤 순서로 기재하는가를 표시하는 부분인 것이다.

이 기술부에는 UNIMARC와 CHINESE MARC의 기술블록과 주기블록, USMARC와KORMARC의 서명사항필드와 판차필드, 형태적 기술필드, 총서표시필드, 주기사항필드, JAPAN MARC의 기술블록이 해당한다. 이를 각 포맷별로 살펴보면 표 3-11과 같다.23)

---

21) 데이터필드의 일부로서 다루어지고 있는 聯關著錄필드에 대해서는 제4장에서 구체적으로 살펴보게 될 것이다.
22) IFLA. *ISBD(M). op. cit.* p. 11.
23) 기술부의 각 데이터필드의 내용에 대해서는 각각 그 해당필드에서 상세히 고찰하기로 한다.

[표 3-11] 포맷별 기술부의 데이터필드 대비표

필 드 명	UNIMARC	USMARC	KORMARC	CHINESE MARC	JAPAN MARC
서명저자표시	200	245	245	200	251-259 291-296
부가서명		214			
통일서명		240			
번역서명		242			
종합통일서명		243			
일반자료표시				204	
판차사항	205	250	250	205	265
수치데이터사항		255			
출판배포사항	210	260	260	210	270
출판예정일자	211	263			
입수처주소		265			
형태기술사항	215	300	300	215	275
페이지 수		302			
총서사항	225	400-490	400-490	225	280
주기사항	300-345	500-59X	500-533	300-330	350-377

　기술부의 데이터요소들은 기본적으로 각 편목규칙에 의해 기술되게 된다. UNIMARC는 기본적으로 ISBD에 따르고 있고, 나머지 포맷들도 모두 ISBD에 준거하여 제정된 편목규칙을 따른다는 점에서 보면, 기술부의 데이터요소는 거의 동일한 요소로 구성되어야 할 것이다. 그러나 각 포맷은 그 세부적인 면에서 상당한 차이를 보이고 있다. 그리하여 다음에는 기술부의 데이터요소를 목록의 각 기술사항별로 구분하여 구체적으로 분석해보고자 한다.

(1) 書名著者表示事項

　서명저자표시사항은 ISBD(M)의 기술사항 가운데 첫 번째 사항으로서, USMARC에서는 이를 서명사상(title statement)로 설정하고 있는데, 각 포맷별로 그 데이터요소를 살펴보면 표 3-12과 같다.

[표 3-12] 포맷별 서명저자표시사항의 데이터요소 대비표

서브필드명	UNIMARC	USMARC	KORMARC	CHINESE MARC	JAPAN MARC	ISBD (M)
본서명	$a	†a	$a	$a	$A	1.1
부서명		(†b)	$b		$B	
일반자료표시	$b	†h			$W	1.2
타저자의 본서명	$c			$c		1.6
대등본서명	$d	(†b)	$x	$d		1.3
여타서명정보	$e	†b	$c	$e		1.4
제1저자표시	$f	†c	$d	$f	$F	1.5
여타저자 공저자	$g	(†c)	$e	$g		1.5
권차 편차	$h	†n	$g	$h	$D	
권차명 편차명	$i	†p	$h	$i		
卷數				$p		
권호표시	$v			$v		
대등본서명의 언어	$z		$z	$z		
기타어구			$f			
서명의 로마字音				$r		

서명저자표시사항의 첫번째요소가 되는 本書名(title proper)은 모든 포맷에 공통적으로 설정되어 있다.24) 그러나 그밖의 서명에 있어서는 차이를 보이고 있다. 즉 UNIMARC와 CHINESE MARC에서는 여타 서명과 대등본서명으로 구분하여 이를 표시하도록 하고 있는데, 이 경우 부서명은 여타서명정보와 같은 서브필드에 포함되게 된다. USMARC에서는 나머지서명 서브필드만을 설정하고 있으므로 여기 에 부서명과 대등서명, 여타서명정보가 모두 수록되게 된다. KORMARC에서는 부서명과 대등서명, 여타서명정보에 대하여 각각 별도의 서브필드를 설정하고 있다. 한편 JAPAN MARC에서는 부서 명 서브필드만을 설정하고 있다. 특히 JAPAN MARC에서는 NCR의 규정(2.2.1.3)에 따라 대등서명은 주기사항에 입력되기 때문에 검색요 소로서의 활용이 불가능하게 된다. 따라서 대등서명에 대한 서브필드

---

24) 특히 東洋資料의 처리와 관련된 冠稱에 대해서는 제4장 제1절 참조.

를 설정하거나 부서명 서브필드에 표시할 수 있도록 하는 것이 바람직할 것이다. 한편 JAPAN MARC에서는 多卷本의 각권의 서명은 저자명 등과 함께 291-299필드에 별도로 표시할 수 있도록 하고 있다.25)

아울러 USMARC에서는 서명과 관련하여, 편목자가 색인작성이나 탐색을 위해 추가한 설명어구를 포함한 서명을 수록하는 附加書名 (augmented title)필드(214)와, 다양한 서명으로 나타나는 서명에 대해 사용되는 통일서명필드(240), 편목기관에서 자체적으로 번역한 본서명을 수록하는 편목기관번역서명필드(242), 많은 저작을 가지고 있는 저자의 여러 저작을 함께 모으기 위한 일반서명을 수록하는 종합통일서명필드(243) 등을 추가로 설정하고 있다. 또한 UNIMARC와 CHINESE MARC에서는 관련서명블록에 검색요소로 사용되는 서명에 대한 필드를 별도로 설정하고 있는데, 이 가운데에는 對等본서명필드(510)와 편목자번역서명필드(541) 등이 포함되어 있다.26)

다음으로 저자표시27)에 있어서 USMARC와 JAPAN MARC에서는 저자표시 서브필드하나만을 설정하여 이를 표시하도록 하고 있다. 따라서 공저자를 비롯한 다른 저자는 구두점으로 구분하여 같은 서브필드에 표시된다. UNIMARC와 KORMARC, CHINESE MARC에서는 제1저자와 여타저자로 구분하고 있다. 著作役割이 다른 저자의 표시에 있어서 USMARC에서는 구두점으로만 구분하여 동일서브필드에 표시하도록 하고 있고, UNIMARC와 CHINESE MARC, JAPAN MARC에서는 서브필드를 반복사용하여 표시하도록 하고 있으나, KORMARC에서는 저작역할이 동일한 경우라 하더라도 서브필드를 반복사용하여 각각 별도의 서브필드에 표시하도록 하고 있다.

---

25) JAPAN MARC의 291-299 필드는 다권본의 각권의 서명과 저자에 관한 사항으로서 251-259 필드와 동일한 서브필드가 설정되어 있다.
26) 검색부의 서명필드에 대한 구체적인 분석은 본장 제2절 참조.
27) 저자표시 등의 용어에 대해서는 본장 제2절 참조.

권차의 표시에 있어서는 JAPAN MARC는 권차와 연차, 회차 등을 표시하는 하나의 서브필드만을 설정하고 있으나, 그 밖의 포맷에서는 권차와 각권의 서명에 대하여 별도의 서브필드를 설정하고 있다. JAPAN MARC에서는 각권서명을 권차 등과 같은 서브필드에 표시하도록 하고 있다. 한편 UNIMARC와 CHINESE MARC에는 연관저록과의 연결을 위한 서브필드로서 권호표시(volume designation) 서브필드가 설정되어 있다. 이것은 자료의 특정부분이 다른 자료와 관련되어 있음을 표시하는 것으로서, 연관저록필드에 그 관계가 표시된 경우에만 사용된다. 한편 CHINESE MARC에서는 동양자료의 특성을 반영하여 卷數를 표시할 수 있도록 하고 있다.

UNIMARC와 USMARC, JAPAN MARC에서는 자료의 種別을 표시하기 위한 서브필드를 설정하고 있다. 한편 CHINESE MARC에서는 이를 별도의 독립된 필드(204)에 표시하도록 하고 있고, KORMARC에서는 코드화정보필드에 코드화하여 표시하도록 하고 있다. 그러나 그 내용에 있어서는 차이를 보이고 있다.

또한 CHINESE MARC에서는 로마字音에 의한 식별화 검색이 가능하도록 하기 위해 서명의 로마자음 서브필드를 설정하고 있는데, 여기에는 권차와 권차명을 포함하여 표시하게 된다. 이것은 기술부의 데이터요소도 검색요소로서 사용될 수 있도록 하고 있는 CHINESE MARC의 특성을 잘 보여주는 예라 할 수 있다.

다음으로는 서명저자표시사항의 지시자 사용에 있어서는 모든 포맷이 제1지시자로는 서명의 부출여부를 표시하고 있다. 다만 KORMARC의 경우는 관칭을 포함하여 부출해야 하는 경우(2)를 여기에 추가시키고 있는 것이 특색이라 할 수 있다. 아울러 제2지시자로서는 USMARC와 KORMARC에서는 배열에 있어서 제외되는 서명의 문자를 지시하도록 하고 있다.

결과적으로 서명저자표시에 있어서는 각 포맷이 그 준거하는 편목규칙의 차이에 따라 그 세분에 있어서 다소 차이를 보이고 있음을 볼 수 있다. 다만 동양자료의 특성을 반영한다는 점에서는 서양자료의 편차나 권차와는 성격이 다른 卷數를 다른 포맷에도 별도로 설정하도록 하는 것이 바람직할 것이며, ISBD에 준거할 경우 KORMARC에도 일반자료표시를 추가해야 할 것이다.

(2) 版次事項

판차사항은 ISBD(M)의 기술사항 가운데 두 번째 사항으로서, 각 포맷별로 그 데이터요소를 살펴보면 표 3-13과 같다.

판차사항에 있어 JAPAN MARC에서는 판차표시 서브필드만을 설정하고 있고, USMARC에서는 판차표시와 나머지 판표시로만 구분하고 있으나, 다른 포맷에서는 ISBD(M)의 기술표목에 상당할 정도로 이를 상세히 세분하여 표시하도록 하고 있다. 따라서 당해판의 저자는 JAPAN MARC의 경우는 같은 서브필드에 표시되게 되며, USMARC의 경우는 나머지 판표시 서브필드에 표시된다.

[표 3-13] 포맷별 판차사항의 데이터요소 대비표

서브필드명	UNIMARC	USMARC	KORMARC	CHINESE MARC	JAPAN MARC	ISBD(M)
판차표시	$a	$a	$a	$a	$A	2.1
刷次	$b		$f	$b		
대등판차표시	$d		$g	$d		2.2
당해판저자표시	$f		$b	$f		2.3 ; 2.5
부차적 저자표시	$g			$g		2.3 ; 2.5
기타사항		$b	$d			

한편 판차사항의 지시자는 모든 포맷이 제1지시지와 제2지시자 모두 공백으로 규정하고 있다.

(3) 出版配布事項

출판배포사항은 ISBD(M)의 기술사항 가운데 세 번째 사항으로서,

각 포맷별로 그 데이터요소를 살펴보면 표 3-14와 같다.

[표 3-14] 포맷별 출판배포사항의 데이터요소 대비표

서브필드명	UNIMARC	USMARC	KORMARC	CHINESE MARC	JAPAN MARC	ISBD(M)
출판지 配布地 등	$a	‡a	$a	$a	$A	4.1
출판처 배포처주소등	$b		$d	$b		
출판처명 배포처명등	$c	‡b	$b	$c	$B	4.2
출판일자 배포일자	$d	‡c	$c	$d	$C	4.4
제작지 인쇄지	$e	‡e	$h	$e		4.5
제작처 인쇄처주소	$f			$f		
제작처명 인쇄처명	$g	‡f	$h	$g		4.6
제작일자 인쇄일자	$h	‡g		$h		4.7

다섯포맷 모두 출판배포사항의 기본이 되는 출판지과 출판처, 출판일자를 별도의 서브필드로서 표시하도록 하고 있다. 아울러 JAPAN MARC를 제외한 다른 포맷에서는 인쇄에 관한 사항에 대해서도 별도의 서브필드를 설정하고 있다. UNIMARC과 USMARC, CHINESE MARC에서는 이를 원괄호로 묶어 표시하도록 하고 있고, KORMARC에서는 출판지와 출판처가 不明일 경우에만(KORMARC 기술규칙. 3.4.가)인쇄지와 인쇄처를 원괄호로 묶어 하나의 서브필드에 표시하도록 하고 있다. 그러나 출판정보의 부재시 유익한 정보가 될 수 있다는 점에서 다른 포맷과 같이 이를 별도의 서브필드로 설정하는 것과 아울러 인쇄일자 서브필드의 추가설정이 바람직할 것이다. 한편 JAPAN MARC에서는 원칙적으로 이를 기재하지 않는다(NCR. 2.4.2.4).

아울러 UNIMARC와 CHINESE MARC에서는 출판처 및 배포처, 인쇄처의 주소도 표시할 수 있도록 별도의 서브필드를 설정하고 있다.

한편 출판배포사항의 지시자는 UNIMARC와 CHINESE MARC에서 제1지시자과 제2지시자를 모두 공백으로 처리하고 있음에 비해, USMARC에서는 제1지시자로서 출판배포자의 존재유무를 표시하도록 하고 있고, KORMARC에서는 발행자가 기본표목인지의 여

부를 표시하도록 하고 있다.

출판배포사항과 관련하여, UNIMARC와 USMARC에서는 CIP
(Cataloging in Publication)저록 등의 경우에 자료의 출판예정일자를 수록
하도록 하는 출판예정일자(projected publication date)필드를 추가로 설정
하고 있으며, USMARC에서는 출판처명이나 배포처명과 그 주소를 수록
하는 입수처/購讀處주소(source for acquisition/subcription address)필드를
별도로 설정하고 있다.

(4) 形態記述事項

형태기술사항은 ISBD(M)의 기술사상 가운데 네번째 사상으로서,
각 포맷별로 그 데이터요소를 살펴보면 표 3-15와 같다.

특정자료표시 및 수량 서브필드는 그 자료가 속하는 특정자료유형
의 명칭과 책 수나 페이지 수를 나타내기 위한 서브필드로서, 모든
포맷에 설정되어 있다. 자료의 크기를 나타내는 크기 서브필드도 모
든 포맷에 설정되어 있다. 삽도류과 부록자료를 표시하기 위한 서브
필드도 JAPAN MARC를 제외한 다른 포맷에 설정되어 있는데,
JAPAN MARC에서는 이를 일반주기(350)에 표시하도록 하고 있다
(NCR. 2.5.2; 2.5.4). 한편 KORMARC에서는 동양자료의 특성을 반
영하여 東裝本에 대하여 東裝이라는 장정표시를 하도록 하고 있으
며, CHINESE MARC와 JAPAN MARC에서는 장정표시를 註記필
드에 표시하도록 하고 있다(310; 360).

[표 3-15] 포맷별 형태기술사항의 데이터요소 대비표

서브필드명	UNIMARC	USMARC	KORMARC	CHINESE MARC	JAPAN MARC	ISBD (M)
특정자료표시 및 數量	$a	ǂa	$a	$a	$A	5.1
기타형태세목 揷圖類	$c	ǂb	$b	$c		5.2
크기	$d	ǂc	$d	$d	$B	5.3
裝幀			$e			
부록자료	$e	ǂe	$e	$e		5.4

형태기술사항의 지시자는 CHINESE MARC에서 제1지시자로서 한자로의 기술여부를 표시하고 있는 것 이외에는 다른 포맷에서는 모두 제1지시자와 제2지시자를 공백으로 처리하고 있다.

한편 USMARC에서는 형태기술사항과 관련하여, 특히 기술보고서 등의 배포에 있어서 요금청구에 도움이 될 수 있도록 하기 위하여 페이지 수(page count)필드를 별도로 설정하고 있다.

(5) 叢書事項

출판물에 나타나 있는 총서명을 표시하는 총서사항에 있어서는 각 포맷이 서로 상당한 차이를 보이고 있다. 각 포맷별로 총서관련필드를 살펴보면 표 3-16와 같다.

[표 3-16] 포맷별 총서관련필드 대비표

UNIMARC	USMARC	KORMARC	CHINESE	JAPAN MARC
225 총서사항 410 총서 411 하위총서			225 총서사항 410 총서 411 하위총서	280 총서사항
	400 총서부출-개인명 410 총서부출-단체명 411 총서부출-회의명 440 총서부출-서명 490 총서표시	400 총서부출-개인명 410 총서부출-단체명 411 총서부출-회의명 440 총서부출-서명 490 총서표시		580 총서讀音

USMARC와 KORMARC에서는 基本著錄方式에 따르고 있으므로, 총서사항이 그대로 부출될 수 있는지의 여부에 의해, 부출될 경우는 총서명의 성격에 따라 이를 개인명과 단체명, 회의명 또는 집회명, 서명으로 구분하여 별도의 필드를 설정하고, 부출되지 않거나 변형되어 부출되는 경우에 대하여 총서표시라는 별도의 필드(490)를 설정하고 있다. 이때 총서표시에 표시되는 총서명이 변형되어 부출될 경우에는 그 성격에 따라 다시 총서명부출필드(800-840)에 부출되게

된다. 그러나 UNIMARC와 CHINESE MARC에서는 총서사항에는 記述에 관련된 요소를 표시하고, 표목이나 접근점의 형식은 연관저록의 총서필드(410)에 표시하도록 하고, 총서사항의 제1지시자에 의해 총서표시가 연관저록의 총서필드에 표시되어 있는 표목이나 접근점의 형식과 동일한지의 여부를 표시하도록 하고 있다. 한편 JAPAN MARC에서는 총서명의 독음필드(580)를 별도로 설정하여 검색에 대비하고 있다.

총서사항은 ISBD(M)의 기술사항 가운데 다섯번째 사항으로서, 각 포맷별로 그 데이터요소를 살펴보면 표 3-17와 같다.

[표 3-17] 포맷별 총서사항의 데이터요소 대비표

서브필드명	UNIMARC	USMARC	KORMARC	CHINESE MARC	JAPAN MARC	ISBD(M)
총서명	$a	‡t	$t	$a	$A	6.1
대등총서명	$d		$x	$b		6.2
여타총서명정보	$e			$e		6.3
저자표시	$f			$f		6.4
편차 하위총서번호	$h			$h	$F	6.12
권차명 하위총서명	$i		$z	$i	$D	6.7
권호표시 총서번호	$v	‡v	$v	$v	$B	6.6
총서의 ISSN	$x	‡x		$x		6.5
대등총서명의 언어	$z			$z		
총서명의 로마字音				$r		

* USMARC와 KORMARC의 경우는 기본표목의 데이터요소에 해당하는 요소를 제외한 총서에 관한 요소에 한함.

표에서 알 수 있는 것처럼, 총서사항필드의 설정에 있어서의 차이로 인하여, 각 포맷에서는 서브필드에 있어서도 서로 차이를 보이고 있다. 우선 UNIMARC와 CHINESE MARC에서는 총서의 기술에 필요한 주요요소에 대해 별도의 서브필드를 설정하고 있고, JAPAN MARC에서도 기본적인 요소에 대한 서브필드를 설정하고 있다. 한편 USMARC와 KORMARC에서는 각 필드별로 그 성격에 따라 검색요소로 사용될 별도의 기본적인 서브필드를 설정하고 아울러 총서와 관련된 서브필드로서 표 3-17에 제시된 추가의 서브필드를 제시하고 있다. 각 필드의 기본적인 서브필드는 동일한 성격을 가진 다른 기본표목이나 부출표목의 서브필드와 대체로 동일하다. 따라서 총서부출-개인명필드(400)의 서브필드는 기본표목개인명필드(100)의 서브필드와 거의 동일한 서브필드를 사용하게 된다. 다만 KORMARC의 경우 총서의 ISSN 서브필드를 추가해야 할 것이다.

한편 CHINESE MARC에서는 서명저자표시사항에서와 마찬가지로 총서명의 로마자음을 표시하여 로마자음에 의한 검색과 식별이 가능하도록 하고 있다.

(6) 註記事項

주기사항은 ISBD(M)의 기술사항 가운데 여섯째 사항으로서, 각 포맷별로 그에 해당하는 필드를 살펴보면 표 3-18과 같다.

[표 3-18] 포맷별 주기사항의 필드 대비표

필 드 명	UNIMARC	USMARC	KORMARC	CHINESE MARC	JAPAN MARC
일반주기	300	500	500	300	350
식별번호관련주기	302			301	
코드화정보관련주기	303			302	
기술정보일반주기	304			303	
서명저자표시관련주기	305			304	
판차 서지내역관련주기	306	503	503	305	
출판배포관련주기	307			306	
형태기술관련주기	308			307	
총서관련주기	309			308	
제본/장정 입수조건주기	310			310	360
연관필드관련주기	311	580		311	
관련서명관련주기	312			312	
주제접근관련주기	313			313	
저자표시관련주기	314			314	
자료특성정보관련주기	315			315	
卷數관련주기				316	
서지/색인수록주기	320	504	504	320	

색인/초록/참고자료이용주기	321			321	
복제본 팩시밀리주기	324	533		322	
원본주기		534	533	324	377
내용주기	327	505	505		
학위논문주기	328	502	502	327	
초록 요약문	330	520	520	328	
기술자료의 우선적 인용	332			330	
대상이용자주기	333				
입수정보주기	345				
사용제한주기		506	506		
합철본주기		501	501		
보고서유형 수록연대주기		513			
원서명주기			507		354
원본/복본소장주기		535			
자금지원정보주기		536			
조치관련주기		583			
지역별주기		59X			

표에서 볼 수 있는 것처럼, 각 포맷은 주기사항필드의 설정에 있어서 상당한 차이를 보이고 있다. 일반적으로 말하면, UNIMARC와 CHINESE MARC에서는 전통적인 목록의 전형적인 주기 이외에도 MARC의 각 블록과 필드에 대한 별도의 주기필드를 추가로 설정하고 있고, USMARC와 KORMARC에서는 전통적인 편목규칙의 定形註記(formal notes)에 충실히 따르고 있고, JAPAN MARC에서는 지극히 간략한 형식만을 따르고 있다고 할 수 있다. 이 가운데 특히 CHINESE MARC에서는 卷數를 표시할 수 있도록 하는 필드를 별도로 설정하고 있는 것이 특징이라 할 수 있다.

모든 포맷에 설정되어 있는 일반주기필드에는 다른 주기필드에 속하지 않는, 자료나 레코드에 관련된 일반적인 정보가 수록된다. UNIMARC와 USMARC에 설정되어 있는 310필드에서 315필드까지의 주기사항필드에는 레코드의 해당필드나 해당블록에 단련된 주기사항이 수록된다. 이 가운데 書誌來歷주기필드는 USMARC와 KORMARC에도 설정되어 있고, USMARC필드에는 연관저록필드와 관련하여 연관저록복잡성주기(linking entry complexity note)필드가

설정되어 있다. 한편 JAPAN MARC에서는 裝幀 및 價格주기가 설
정되어 있다.

UNIMARC와 CHINESE MARC의 서지/색인수록주기(internai
bibliographies/*Index*es note)필드는 자료에 서지나 색인 등이 포함되어
있는지의 여부를 표시하는 것으로, USMARC와 KORMARC의 경우
는 이를 서지에 관한 주기로서 처리하고 있다. UNIMARC와
CHINESE MARC의 색인/초록/참고자료이용주기(external *Index*es/
abstracts/ references note)필드에는 해당자료에 관한 정보가 수록되어
있는 다른 색인, 초록 등에 관한 주기가 수록되는데, 이것은 古書자료
등에 유익한 정보를 제공할 수 있을 것이다. 한편 UNIMARC와
USMARC, CHINESE MARC에서는 대상자료가 複製本일 경우 이에
대한 주기를 표시할 수 있도록 별도의 필드를 설정하고 있는데, 이 경우에
기술부에는 원본에 관한 정보가 수록된다. USMARC와 KORMARC에
설정되어 있는 원본주기(original version note)필드는 원본자료에 대한
주기가 수록되는데, 이 경우에는 복제본에 관한 정보가 기술부에 수록
된다.

모든 포맷에 공통적으로 설정되어 있는 내용주기(contents notes)
필드는 자료의 내용에 관한 주기를 수록한다. 따라서 이 필드에는
별도로 되어 있는 저작의 서명과 저자명을 포함한 데이터요소나 어
떤 자료의 일부에 관한 데이터요소가 수록될 수 있다.

學位論文주기에는 석박사학위논문에 대하여 학위의 종류와 수여기
관, 연도 등에 관한 데이터요소를 수록하게 된다. KORMARC의 경
우는 학과 및 전공까지를 표시하도록 하고 있다. 초록 및 요약문필
드에는 자료에 대한 초록이나 요약문, 해제 등을 수록한다. 이 두필
드는 JAPAN MARC를 제외한 다른 포맷에 모두 설정되어 있다.

記述對象자료의 우선적 인용주기(preferred citation of described
material note)필드에는 관리인이나 작성자가 일반적으로 사용하는 형
식을 수록하게 되며, 대상이용자주기(users/intended audience note)필

드에는 대상이용자에 관한 정보를 수록하게 된다. 이 두필드는 UNIMARC와 USMARC에 설정되어 있으나, USMARC에서는 도서자료에는 적용하지 않고 있다.

UNIMARC의 入手情報주기필드에는 입수처와 자료번호(stock number), 매체, 입수조건 등 자료의 입수에 관한 정보를 수록한다. USMARC에서는 이와 같은 입수정보를 입수처주소필드(265)에 별도로 수록하도록 하고 있다. USMARC와 KORMARC의 사용제한주기필드에는 대상자료의 이용에 있어서의 제한사항에 관한 정보를 수록하게 된다.

USMARC와 KORMARC에 설정되어 있는 合綴本주기(with note)필드에는 출판당시에 둘 이상의 서지적 자료가 한 형태의 자료에 수록되어 있음을 나타내는 주기가 표시되게 되고, KORMARC와 JAPAN MARC의 원서명에 관한 주기는 번역본의 경우 그 원서명이나 원저자명을 수록하게 된다. UNIMARC와 CHINESE MARC의 경우에는 이들 정보는 연관저록필드에 수록하고 있는데, 합철본에 관한 사항은 423필드에 수록되고, 원서명에 관한 사장은 454필드에 수록된다. 한편 USMARC에서도 연관저록필드에 原書名에 관한 필드(765)를 별도로 설정하고 있다.

USMARC에는 이밖에도 보고서자료와 관련하여 보고서의 유형과 수록연대에 관한 주기필드(513)와 원본이나 복본이 별도의 보관장소에 보관되어 있을 경우 그에 관한 주기사항을 수록하는 필드(535), 자금지원에 의해 이루어진 자료의 경우 그에 관한 주기를 수록하는 필드(536), 자료의 입수나 보관 등과 관련하여 이루어진 조치에 관한 주기필드(583), 기타 지역적인 사용을 위한 주기필드(59X)가 추가로 설정되어 있다.

이 주기사항필드에 입력되는 데이터요소들은 UNIMARC에서 주기사항의 정보는 接近點으로 사용하지 않도록 하고 있는 것[28)에서도 알 수 있듯이, 검색요소로서는 중요한 역할을 하지 못하고, 이미 기술한

정보를 보완해주거나 추가의 정보를 제공해주는 요소들이다. 그러나 각 포맷에 따른 기술방법의 차이나 그 처리방법에 대한 견해차이로 인하여 검색상 중요한 요소들이 때로는 주기사항필드에 포함되기도 한다. 즉 JAPAN MARC에서는 서명사항 가운데 對等書名이나, 형태기술사항의 揷圖類表示 등과 같이, 다른 포맷에서는 각 기술사항에 대한 필드에 포함되어 있는 요소들이 주기사항필드에 수록되게 되며, USMARC와 KORMARC의 경우에도 UNIMARC와 CHINESE MARC에서는 검색요소로서 사용할 수 있도록 하고 있는 표지서명(caption title)이나 책등서명(spine title)과 같은 관련서명정보가 주기사항필드에 수록되게 된다. KORMARC에서는 이와 같이 주기사항필드의 데이터요소 가운데 검색요소로 사용될 수 있는 요소에 대해서는 標出語를 사용하도록 하고 있다.29) 한편 UNIMARC과 USMARC, CHINESE MARC에서도 일부 주기사항필드의 데이터요소에 대해서는 표출어를 사용할 수 있도록 하고 있다.30)

---

28) *UNIMARC: Universal MARC format.* 2nd ed. rev. *op. cit.* p. 5.

29) KORMARC에서 標出語를 사용하도록 하고 있는 요소로는 겉표지서명과 책등서명, 번역서명, 판권기서명, 부서명, 원서명, 원저자명, 관제, 부록, 부논문, 합철, 원본출판사항, 총서명간체, 총서명편자, 다른총서명, 내용 등이다.

30) UNIMARC의 표출어의 사용예로는 327필드(Contents)과, 332필드(Cites as) 333필드(Audience) 등이 있다. USMARC의 경우는 프로그램에 의해 시스템에서 자동적으로 생성하도록 하고 있는 표출어와 데이터의 일부로서 입력되도록 하고 있는 표출어의 두종류가 있다. 前者의 예로는 505필드(Contents, Incomplete contents, Partial contents), 510필드(*Index*ed by, References 등), 520필드(Summary, Subject) 등이 있고, 後者의 예로는 501필드(With, Issued with), 504필드(Bibliography, Discography) 등이 있다. CHINESE MARC의 경우도 USMARC와 동일한 방법을 사용하고 있는데, 327필드(部分內容, 內容)는 시스템생성 표출어의 대표적인 예이며, 320필드(附錄)와 321필드(索引), 330필드(提要)는 직접 입력하는 예에 속한다.

2. 檢索部의 데이터要素

MARC의 검색부는 전통적인 목록에 있어서는 標目에 해당하는 부분으로서, 기본적으로 UNIMARC와 CHINESE MARC에서는 관련서명블록(related title block)과 주제분석블록(subject analysis block), 저자블록(intellectual responsibility block)[31]이 여기에 해당하고, USMARC와 KORMARC에서는 기본표목과 주제부출표목, 부출표목, 총서부출표목이 여기에 해당하며, JAPAN MARC에서는 接近點(access point)블록이 여기에 해당한다. 아울러 KORMARC의 참조사항도 검색부에 포함시킬 수 있을 것이다.

전통적인 목록에서 표목이란 '목록에 있어서 접근점을 제시할 수 있도록 목록저록의 맨앞에 놓여지는 명칭이나 단어, 어구'[32]로서 서지레코드에 대한 검색의 접근점이 되는 저자와 저작에 대한 標出項目이다. 즉 수많은 자료 가운데 필요한 것을 효과적으로 입수할 수 있도록 하기 위하여 필요한 검색요소를 제공하는 부분인 것이다. MARC에 있어서는 필요에 따라 상당수의 기술부의 데이터요소들이 검색요소로서 사용되기도 하지만, 검색상 중요한 역할을 하게 되는 부분은 역시 檢索部의 데이터요소가 된다.

각 포맷의 검색부에 대한 편성방법은 基本著錄方式에 충실히 따르고 있는 USMARC와 KORMARC와, 접근점의 성격에 따라 기능별블록으로 이를 구분하고 있는 UNIMARC와 CHINESE MARC, JAPAN, MARC가 서로 다른 차이를 보이고 있다. 즉 USMARC과 KORMARC에서는 검색부를 기본표목과 부출표목으로 구분하고, 이를 다시 개인명과 단체명, 회의명 또는 집회명, 통일서명으로 구분하여 각각 기본표목필드와

---

31) 'intellectual responsibility'는 知的責任 또는 知的責任性으로 옮기는 것이 정확한 번역이 되리라 생각한다. 그러나 본고는 단행본만을 대상으로 하고 있으므로 그대로 저자라는 용어를 사용하기로 한다(본장 제1절 참조).

32) *Anglo-American Cataloguing Rules*. 2nd ed. 1988 rev. *op. cit.* p. 618.

주제부출표목필드, 부출표목필드, 총서부출표목필드로 세분하고 있다. 그러나 UNIMARC와 CHINESE MARC, JAPAN MARC에서는 그와 같은 구분을 하지 않고 있다. 다만 UNIMARC와 CHINESE MARC는 저자블록에서 개인명, 단체명 및 회의명, 가족명에 대하여 각각 주요저자와 공저자, 보조저자로 세분하고 있어서 기본표목의 개념이 부분적으로 적용되고 있음을 알 수 있다. 그러나 모든 표목을 等價標目으로 하고 있는 일본편목규칙에 준거하고 있는 JAPAN MARC에서는 이와 같은 개념이 적용된 예를 찾아볼 수가 없다.

각 필드에서 데이터요소를 처리함에 있어서는, UNIMARC를 비롯한 다른 모든 포맷들은 각 필드에 따라 별도의 서브필드를 설정하여 이를 수록하도록 하고 있음에 비해, JAPAN MARC에서는 접근점블록 전체를 기술블록의 데이터에 대한 가다가나形과 로마자형, 한자형의 독음으로만 처리하고 있다. 따라서 JAPAN MARC의 경우에는 주제필드를 제외하고는, 원칙적으로 기술부에 수록되어 있는 데이터만이 접근점으로 사용될 수 있는 것이다. 이 가운데 가나데이터라 로마자형의 데이터는 배열이나 검색키워드의 입력용으로 이용될 수 있도록 하기 위한 것33)이다. 그러나 이와 같은 방식은 결과적으로 접근점의 수가 줄어들게 하는 결과를 가져오기 때문에 오히려 검색에 불편을 주게 되는 경우가 많게 된다.34)

전통적으로 목록에 있어서 기본적인 표목으로서는 저자명과 서명, 주제명이 일반적으로 사용되어 왔다. 이와 같은 관례는 MARC에도 그대로 적용되고 있다. 그리하여 本節에서는 이러한 검색부의 데이터요소를 그 성격에 따라 저자사항과 서명사항, 주제사항, 참조사항으로 나누어 구체적으로 분석해 보고자 한다.

---

33) 田村貴代子. *op. cit.* p. 576.
34) 長島敏樹. JAPAN MARC と TRC MARC: 比較檢討と問題點의 整理. 大學
　　圖書館研究XXVI(1985. 5). p. 25.

(1) 著者事項

일반적으로 저자라 하면 어떤 저작의 지적 예술적 내용에 책임을 가지고 있는 개인이나 단체를 포괄적으로 가리키는 것이다. 최근에는 각종 매체들이 다양화되면서 전통적인 著著性(authorship)의 개념을 영화나 회화 등에까지 확대시키기 위해 責任性(responsibility)이라는 용어를 사용하기도 한다. AACR2R에서는 이와 같은 책임성의 표시와 관련하여 이를 '…자료의 지적 예술적 내용에 책임을 가지고 있는 개인이나, 그 내용이 유래된 단체, 또는 자료내용의 공연(performance)에 책임을 가지고 있는 개인이나 단체'35)로 설명하고 있다. 그러나 본고는 단행본만을 그 대상으로 하고 있으므로, 전통적으로 사용되어온 저자라는 용어를 그대로 사용하기로 한다.

저자사항에 있어서 UNIMARC와 CHINESE MARC에서는 저자를 그 성격에 따라 개인저자와 단체저자, 가족저자로 구분하여 그 각각을 주요저자과 공저자, 보조저자로 세분하여 각각 별도의 필드를 설정하고 있고, USMARC과 KORMARC에서는 이를 개인저자와 단체저자로 구분하고, 단체저자를 다시 일반단체명과 회의 및 집회명으로 세분하여 그 각각을 기본표목과 부출표목으로 나누어 별도의 필드를 설정하고 있다. UNIMARC와 CHINESE MARC에서 저자를 주요저자와 공저자, 보조저자로 구분하고 있는 것은 이들 포맷에서 基本著錄의 개념을 완전히 버리지는 않고 있음을 보여주는 한 예라 할 수 있다. 한편 JAPAN MARC에서는 이와 같은 구별 없이 단지 저자명의 讀音과 다권본의 각권의 저자명에 대한 독음의 필드만을 설정하고 있을 뿐이다. 한편 CHINESE MARC에서는 저자를 로마자를 통해서도 검색할 수 있도록 하기 위해 로마字音을 표시하기 위한 별도의 필드(770-792)를 설정하고 있다. 중국어번역본의 저자명의 原名도 이 필드에 수록되게 된다. 이와 같은 저자필드를 포맷별

---

35) *Anglo-American Cataloguing Rules*. 2nd ed. 1988 revision. *op. cit.* p. 623.

로 살펴보면 표 3-19와 같다.

[표 3-19] 포맷별 저자필드 대비표

UNIMARC와 CHINESE MARC		USMARC와 KORMARC		JAPAN MARC	
표시자	필 드 명	표시자	필 드 명	표시자	필 드 명
700	개인명: 주요저자	100	기본표목: 개인명	751-759	저자명의 독음
701	개인명: 공저자	700	부출표목: 개인명	791-799	다권본 각권의
702	개인명: 보조저자				저자명의 독음
710	단체명: 주요저자	110	기본표목: 단체명		
711	단체명: 공저자	710	부출표목: 단체명		
712	단체명: 보조저자	111	기본표목: 회의명		
		711	부출표목: 회의명		
720	가족명: 주요저자				
721	가족명: 공저자				
722	가족명: 보조저자				

다음에는 이들 각 필드의 서브필드들을 개인저자와 단체저자로 구분하여 상세히 분석해보고자 한다.

가. 個人著者

개인저자(personal author)는 '어떤 저작의 지적 예술적인 내용에 대해 주된 책임을 가지고 있는 개인'36)을 말한다. 따라서 여기에는 작가는 물론 작곡자, 사진작가, 공연자 등도 포함되게 된다. 1961년의 파리原則(Paris Principles) 이래로 개인저자명은 기본저록의 표목으로서 확고한 위치를 유지해오고 있다. 각 포맷별로 이와 같은 개인명과 관련된 서브필드를 살펴보면 표 3-20과 같다.

저록요소(entry element)는 개인명 가운데 저록의 표목으로 사용되는 기본요소에 해당하는 부분으로서, 姓(surname)이 그 기본이 된다.

---

36) *Anglo-American Cataloguing Rules.* 2nd ed. 1988 rev. *op. cit.* p. 620.

개인명의 나머지 부분은 저록요소 이외의 개인명 부분에 수록되게 되는
데, 이 부분은 名(forename)에 해당하는 부분이다. 다만 USMARC에
서는 이 두부분을 구별하지 않고 개인명서브필드(‡a)에 도치형으로
표시하도록 하고 있다. 한편 KORMARC에서는 개인명을 성($a)과 명
($h)으로 구분하고 있으나, 東洋人名의 경우는 성과 명이 합쳐진 형식
이 검색의 일차적인 접근점으로 사용되는 관례에 비추어 볼 때 이와
같은 구별은 불합리한 것이다. 따라서 서브필드 $h는 삭제되고 서브필
드 $a에 성과 명을 直順으로 그대로 입력하도록 해야 할 것이다.37)

　그밖에 개인명에 추가되는 수식어는 연대표시와 그밖의 수식어로
구분하여 별도의 서브필드에 입력하게 된다. 연대표시에는 주로 저
자의 生沒年이 표시되며, 실제로 KORMARC와 CHINESE MARC
에서는 이 서브필드를 생몰년서브필드로서 설정하고 있다. 로마숫자
(roman numerals)서브필드는 교황이나 왕조의 명칭에 따르는 로마
숫자를 표시하는 서브필드로, KORMARC에서는 동양의 역대왕조명
과 世系에 대해서는 별도의 서브필드를 설정하고 있고, CHINESE
MARC의 경우도 중국에 대해서는 역대왕조명에 대하여 별도의 서
브필드를 설정하고 있다.

[표 3-20] 포맷별 검색부의 개인명서브필드 대비표

서 브 필 드 명	UNIMARC	USMARC	KORMARC	CHINESE MARC
저록요소(개인명)	$a	‡a	$a	$a
저록요소 이외의 개인명	$b		$h	$b
年代 이외의 추가수식어	$c	‡c, ‡g	$m	$c
로마숫자(世系)	$d	‡b	$b	
저자관련연대표시	$f	‡d	$d	$f
저작역할어		‡e	$e	
저작연대		‡f		
頭文字로 된 姓의 완전명	$g	‡q		
매체		‡h		

---

37) 이때 서양인명의 경우는 USMARC에서와 같이, 도치형식을 취해야 한다.

형식부표목		‡k		
저작의 언어		‡l		
음악의 공연매체		‡m		
권차		‡n		
음악의 편곡표시		‡o		
권차명		‡p		
음악의 키(key)		‡r		
版本(version)		‡s		
표제지 서명		‡t		
소속		‡u		
ISSN		‡x		
역대王朝名			$f	$s
한국과 중국의 世系			$g	
典據레코드번호	$3			$3
저작방식연관코드	$4	‡4		$4

한편 UNIMARC와 USMARC에는 성이 頭文字로 표시된 경우에 그 완전명을 표시할 수 있는 서브필드가 설정되어 있으며, USMARC와 KORMARC에는 저자가 작품과 관련하여 수행하게 되는 저작역할어를 표시하도록 하는 서브필드가 설정되어 있다. 아울러 이와 관련하여 UNIMARC와 USMARC, CHINESE MARC에는 저작방식을 코드로서 표시할 수 있도록 하는 연관코드와의 연결을 위해 저작방식연관코드38)라는 별도의 서브필드가 설정되어 있다.

이밖에도 USMARC에는 출판일자를 나타내기 위한 서브필드와, 자료의 매체를 표시하기 위한 서브필드, 형식부표목(form subheading)을 표시하기 위한 서브필드, 저작의 언어를 표시하기 위한 서브필드, 권차명과 권차표시를 표시하기 위한 서브필드, 표제지에 나타난 저작의 서명을 표시하기 위한 서브필드, 개인의 소속이나 주소를 표시하기 위한 서브필드, 음악자료와 관련된 추가의 서브필드 등이 설정되어 있다. 이들 서브필드는 이와 같은 정보들이 고유명/서명필드에서 서명과 함께 사용될 경우에 이를 표시하기 위해 설정된 것이다.

---

38) 저작방식연관코드는 저자표시와 관련하여 저자와 저작의 관계를 표시하기 위해 작성된 세자리의 기호로서 이루어지는 코드이다.

아울러 UNIMARC와 CHINESE MARC에서는 개인명을 典據리코
드와 연결시킬 수 있도록 함으로서 검색의 효율성을 도모하고 있다.
　한편 지시자의 사용에 있어서 UNIMARC와 CHINESE MARC에서
는 제2지시자로서 개인명이 名(0) 또는 姓(1)을 표목으로 하고 있는지
의 여부만을 표시하도록 하고 있으나, USMARC와 KORMARC에서
는 제1지시자로서 이를 명(0)과 단일성(1), 복합성(2), 가족명(3) 등으
로 세분하고 있고, 제2지시자로서는 USMARC에서는 기본표목과 주제
명과의 관련성 여부를 지시하도록 하고 있고, KORMARC에서는 사용
된 표기법을 표시하도록 하고 있다. 따라서 결과적으로 UNIMARC와
CHINESE MARC에서는 별도의 필드로 설정되어 있는 가족명이
USMARC와 KORMARC에서는 개인명필드에 포함되어 지시자를 사
용하여 구분되고 있음을 알 수 있다.
　이상에서 살펴본 것처럼, 개인명의 경우에 있어서는 동양자료의
특성과 관련하여 역대王朝名과 世系에 대한 서브필드가 추가되어야
할 것이다. 아울러 KORMARC에 있어서는 성과 명의 서브필드를
하나의 서브필드로 통합하도록 하고, 저작방식연관코드의 도입이 고
려되어야 할 것이며, 전거포맷이 완성될 경우 검색의 효율성을 도고
하기 위하여 그에 따라 작성될 전거레코드와의 연결도 고려되어야
할 것이다.

　나. 團體著者
　단체(corporate body)는 '어떤 특정의 명칭을 가지고 있고 하나의
실체로서 활동하는 조직 또는 개인의 집단'39)으로 정의되고 있다.
여기에는 협회와 기관, 회사, 정부, 회의, 특수행사(전시회, 축제), 비
행선(우주선) 등이 포함된다. 단체저자의 개념은 英美圈에서 주로 사
용된 비교적 새로운 개념으로서, 1961년의 파리원칙에서 단체를 저

---

39) *AACR2R. op. cit.* p. 617.

자로 인정한다는 원칙이 국제적으로 승인된 이래 저자의 중요한 부분으로 인정되고 있다. 각 포맷별로 단체저자와 관련된 서브필드를 살펴보면 표 3-21과 같다.

[표 3-21] 포맷별 검색부의 단체저자서브필드 대비표

서브필드명	UNIMARC		USMARC		KORMARC		CHINESE MARC	
	단체명	가족명	단체명	회의명	단체명	회의명	단체명	가족명
저록요소	$a	$a	‡a	‡a	$a	$a	$a	$a
세목 종속기구	$b		‡b	‡e	$b	$e	$b	
추가수식어	$c		‡g	‡g	$g	$g	$c	
회의回次	$d		‡n	‡n		$b	$d	
회의장소 소재지	$e		‡c	‡c	$d	$c	$e	
회의일자 일자	$f	$f	‡d	‡d	$m	$d	$f	
저작역할어			‡e		$e			
저작연대			‡f	‡f				
매체			‡h	‡h				
형식세목			‡k	‡k	$k			
저작의 언어			‡l	‡l				
권차 회차			‡n	‡n				
음악의 편곡표시			‡o					
권차명			‡p	‡p				
저록요소 이외 회의명				‡q				
음악의 키(key)			‡r					
版本(version)			‡s	‡s				
표제지 서명			‡t	‡t				
소속			‡u	‡u				
ISSN			‡x	‡x				
倒置요소	$g						$g	
기타명칭부분	$h						$h	
조약의 상대국					$l			
典據레코드번호	$3	$3					$3	
연관코드	$4	$4	‡4	‡4			$4	

앞서 살펴본 바와 같이, 단체저자와 관련하여 UNIMARC와 CHINESE MARC에서는 이를 단체명과 가족명으로 구분하고 있고,

USMARC와 KORMARC에서는 이를 단체명과 회의명으로 구분하고 있다. 모든 포맷에서 단체저자와 관련하여 기본이 되는 저록요소와, 그에 따른 細目 또는 종속기구, 그밖의 추가수식어를 기본적인 서브필드로 하고, 회의와 관련해서는 回次와 장소, 일자를 기본적인 서브필드로서 설정하고 있다. 아울러 UNIMARC와 CHINESE MARC에서는 단체명이 도치된 경우 이를 표시하기 위한 서브필드와, 저록요소 및 도치요소 이외의 명칭부분을 표시하기 위한 서브필드를 별도로 설정하고 있다. 아울러 USMARC와 KORMARC에는 저작역할어와 형식세목을 표시하기 위한 서브필드가 별도로 설정되어 있고, KORMARC에는 조약의 상대국을 표시하기 위한 서브필드가 별도로 설정되어 있다. 한편 USMARC의 경우에는 개인저자에서와 마찬가지로 서명과 관련된 별도의 서브필드들이 추가로 설정되어 있다.

지시자의 사용에 있어서 UNIMARC와 CHINESE MARC에서는 제1지시자로서 단체명이 회의명인지의 여부를 지시하고 있다. 따라서 USMARC과 KORMARC에서는 별도의 필드로 설정되어 있는 회의명이 이들 포맷에서는 지시자에 의해 구분되고 있는 것이다. 아울러 제2지시자로서는 단체명의 형식이 도치된 형식(0)인지, 지역경을 사용한 것인지(1), 그대로 사용된 것인지(2)의 여부를 지시하도록 하고 있다. 한편 USMARC와 KORMARC에서는 이를 제1지시자를 사용하여 지시하고 있으며, 제2지시자는 각각 개인명의 경우와 동일하게 사용하고 있다.

결과적으로 단체의 정의에 대한 관점상의 차이로 인하여 UNIMARC와 CHINESE MARC, USMARC와 KORMARC 사이에는 필드설정에 있어 차이를 보이고 있으나, USMARC의 세분된 추가사항을 제외하고는 각 포맷 사이에 근본적인 차이는 없음을 알 수 있다.

(2) 書名事項

전통적인 목록에 있어서는 개인저자가 알려져 있지 않거나, 개인

著者性이 분산되어 있는 경우에, 단체명으로도 그 저작을 확인할 수 없는 경우, 또는 여러저자에 의한 전집이나 편집자에 의해 제작된 경우, 종교집단에 의해 聖典으로 받아들여지고 있는 저작의 경우에는 대개 서명을 표목으로 하여 저록을 작성하게 된다.

그러나 다양한 접근점을 동시에 사용할 수 있는 MARC에 있어서는 기술부에 포함되어 있는 본서명을 비롯하여 총서명과 통일서명, 그밖의 여러 변형서명들이 검색의 접근점으로 사용될 수 있다. 특히 검색부에 포함되어 있는 서명관련필드를 각 포맷별로 살펴보면 표 3-22과 같다.

[표 3-22] 포맷별 검색부의 서명관련필드 대비표*

필 드 명	UNIMARC	USMARC	KORMARC	CHINESE MARC	JAPAN MARC
통일서명	500	130/730	130/730	500	서명 독음
종합통일서명	501	(243)		501	(551-559)
관용통일표목	503			503	다권본
대등본서명	510			510	각권서명
표지서명	512			512	독음
부표제지서명	513			513	(591-599)
見出서명(caption title)	514			514	
欄外서명(running title)	515			515	
책등서명(spine title)	516			516	
기타변형서명	517	740	740	517	
편목자 부가서명	540	(214)		540	
편목자 번역서명	541	(242)		541	

* 총서필드는 제외함.

표에서 볼 수 있는 것처럼, UNIMARC와 CHINESE MARC에서는 통일서명을 일반통일서명과 多作의 저자의 작품을 함께 모으기 위한 종합통일서명(collective uniform title), 유사한 형식의 저작을 함께 모으기 위한 관용통일표목(uniform conventional heading)으로 구분하고 있고, USMARC와 KORMARC에서는 이를 기본표목의 경우와 부출표목의 경우로 구분하고 있다. 다만 USMARC에서는 종합통일서명을 기술부에 해당하는 243필드에 표시할 수 있도록 하고 있다.

변형서명에 있어서는 UNIMARC와 CHINESE MARC에서는 이를 각각 상세히 세분하고 있는 반면, USMARC와 KORMARC에서는 이를 본서명과 다르게 부출되는 서명필드(740) 하나에 표시할 수 있도록 하고 있다. 기타서명에 있어서는 UNIMARC와 CHINESE AMRC에서 편목자 부가서명과 편목자 번역서명을 표시할 수 있도록 하고 있는데, USMARC에서는 이를 기술부의 필드에 설정하고 있다.

한편 JAPAN MARC에서는 다른 접근점블록의 필드와 마찬가지로 서명필드에 있어서도 기술부에 표시된 서명의 독음과 다권본이 각권 서명의 독음으로서 이를 표시하도록 하고 있다. 이 경우에 있어서도 항상 가다가나형과 로마자형, 한자형의 독음이 쌍으로 입력되게 된다.

그러나 다른 포맷에서는 각각 별도의 서브필드를 설정하여 서명데이터를 수록하도록 하고 있는데, 그 대표적인 통일서명필드의 서브필드를 각 포맷별로 살펴보면 표 3-23과 같다.

어떤 저작이 둘이상의 서명으로 나타날 경우에는 그 저작의 모든 판들을 한곳에 모으기 위해 통일서명이 사용되는데, 그 대표적인 예가 되는 것이 聖典(성서, 불전)과 무저자명고전 등이다.

모든 포맷에 통일서명과 권차, 권차명, 출판일자, 형식세목, 저작의 언어, 기타정보를 수록하기 위한 서브필드들이 설정되어 있다. 다간 KORMARC에는 권차가 누락되어 있다. 그외에도 UNIMARC와 USMARC, CHINESE MARC에는 版本(version)을 나타내기 위한 서브긜드와 음악자료를 표시하기 위한 서브필드들이 추가로 설정되어 있그, UNIMARC와 USMARC에는 일반자료표시를 위한 별도의 서브필드가 설정되어 있다.

한편 UNMARC에는 주제명표목과 관련하여 주제세목(topical subdivision)과 지리세목(geographical subdivision), 연대세목(chronological subdivision)에 대한 서브필드가 설정되어 있고, USMARC에는 조약체결 일자와 표제지에 나타난 저작의 서명을 표시하기 위한 서브필드가 추가 로 설정되어 있으며, CHINESE MARC에는 기술부의 서명저자표시사항 필드에서와 마찬가지로 동양자료의 특성을 반영하여 卷數라 로마자음을 표시하기 위한 별도의 서브필드가 설정되어 있다.

[표 3-23] 포맷별 검색부의 서명서브필드 대비표(통일서명필드에 한함)

서브필드명	UNIMARC	USMARC	KORMARC	CHINESE MARC
통일서명	$a	‡a	$a	$a
일반자료표시	$b	‡h		
권차	$h	‡n		$h
권차명	$i	‡p	$p	$i
조약체결일자		‡d		
출판일자	$k	‡f	$f	$k
형식세목	$l	‡k	$k	$l
저작의 언어	$m	‡l	$l	$m
기타정보	$n	‡g	$g	$n
版本(version)	$q	‡s		$q
표제지 서명		‡t		
음악의 공연매체	$r	‡m		$s
음악의 수치표시	$s			$t
음악의 키(key)	$u	‡r		$x
권호표시	$v			
음악의 편곡표시	$w	‡o		$w
주제세목	$x			
지리세목	$y			
연대세목	$z			
卷數				$p
로마字音				$r

지시자의 사용에 있어서 UNIMARC와 CHINESE MARC에서는 제1지시자로서 해당서명이 별도의 접근점으로 사용되거나 부출되어 야 하는지의 여부를 지시하고, 제2지시자로서는 해당서명이 기본표

목으로 사용되는지의 여부를 지시하도록 하고 있다. 이것은 두 포맷이 基本著錄의 개념을 완전히 버리지는 않고 있음을 보여주는 하나의 예라 할 수 있다. 한편 USMARC에서는 제1지시자로서 배열에서 제외되는 문자수를 표시하도록 하고 있고, KORMARC에서는 이를 공백으로 처리하고 있다. 제2지시자는 두 포맷 모두 개인명필드와 동일하게 사용하고 있다.

결과적으로 검색부의 통일서명에 있어서도 기술부의 서명사항과 유사함을 발견할 수 있다. 다만 UNIMARC의 경우 주제세목 등 검색과 관련된 서브필드들이 추가되고, UNIMARC와 USMARC, CHINESE MARC에 음악자료의 검색에 있어서 중요한 요소들이 추가되고 있음을 알 수 있다. 따라서 동양자료의 처리와 관련하여 卷數 서브필드의 추가가 바람직할 것이며, 아울러 KORMARC에 있어서도 일반자료표시와 권차, 판본, 그밖의 음악자료와 관련된 서브필드의 추가를 고려해야 할 것이다.

(3) 主題事項

MARC에 있어서 주제사항에 관련된 필드로는 기호화된 형식의 분류기호필드와 언어형식의 주제명표목필드, 지리와 시대를 코드화하여 표시할 수 있도록 하고 있는 주제분석필드가 있다. UNIMARC와 CHINESE MARC에서는 이를 주제분석블록(subject analysis block)이라는 별도의 블록에서 다루고 있고, JAPAN MARC에서는 이를 접근점블록에 포함시켜 다루고 있으나, USMARC와 KORMARC에서는 주제명에 대한 부분은 주제명부출표목으로서 다루고 있고 분류기호와 주제분석부분은 번호 및 코드부분에 포함시켜 다루고 있다.

가. 分類記號

분류기호는 일반적으로 자료에서 다루고 있는 주제를 바탕으로 브여되기 때문에 주제접근에 있어서 유용한 정보를 제공하게 된다. 디와 같은 분류기호를 표시할 수 있도록 하기 위해 각 포맷에서는 별도의 필드를 설정하고 있는데, 각 포맷별로 분류번호필드를 살펴보면 표 3-24와 같다.

[표 3-24] 포맷별 분류기호필드 대비표

분류기호 및 서브필드	UNIMARC	USMARC	KORMARC	CHINESE MARC	JAPAN MARC
국제십진분류법(UDC)	675	080	080	675	
듀이십진분류법(DDC)	676	082	082	676	
미국의회도서관분류법(LCC)	680	050	050	680	
미국국립의학도서관기호		060	060	686	
미국국립농업도서관기호		070		687	
조선십진분류법			055		
한국십진분류법			056		
중국도서분류기호				681	
농업자료중심분류기호				682	
일본십진분류법					677
국립국회도서관분류표					685
기타분류기호	686				

JAPAN MARC를 제외한 각 포맷에서는 국제십진분류법과 듀이십진분류법, 미국의회도서관분류법과 같이 국제적으로 널리 사용되고 있는 분류법의 분류기호를 공통적으로 표시할 수 있도록 하는 한편, 自國에서 일반적으로 사용되고 있는 분류법의 분류기호를 추가로 표시할 수 있도록 별도의 필드를 설정하고 있다. 다만 JAPAN MARC에서는 일본출판물만을 대상으로 한다는 전제 아래 일본에서 사용되는 분류기호만을 포함시키도록 하고 있다. KORMARC에서는 국립중앙도서관청구기호(052)와 국립중앙도서관 복본 및 기타정보표시(053), 자관청구기호(090)를 표시하기 위한 별도의 필드를 설정하고 있으며, 국제십진분류법과 미국의학도서관분류기호에 대해서는 사용을 보류하고 있다. 아울러 USMARC에는 미국의회도서관에서 소장하고 있는 추가의 복본 등에 관한 정보를 표시하는 필드(051)와

카나다의 도서관에서 부여한 분류기호나 청구기호를 표시하기 위한 필드(055), 국립의학도서관에서 소장하고 있는 복본을 표시하기 위한 필드(061), 국립농업도서관에서 소장하고 있는 본본을 표시하기 위한 필드(071) 등이 추가로 설정되어 있다.

나. 主題名

주제를 나타내는 용어를 통하여 자료를 검색할 수 있도록 하기 위한 주제명필드를 각 포맷별로 살펴보면 표 3-25과 같다.

앞서의 저자명필드에서와 마찬가지로 UNIMARC와 CHINESE MARC에서는 저자에 관한 주제를 개인명과 단체명, 가족명으로 구분하여 별도의 필드를 설정하고 있고, USMARC와 KORMARC에서는 개인명과 단체명, 회의명으로 세분하여 별도의 필드를 설정하고 있다. 그러나 JAPAN MARC에서는 개인명주제명필드만을 설정하고 있다.

한편 모든 포맷에서는 일반주제명에 대하여 별도의 필드를 설정하고 있으며, 아울러 JAPAN MARC를 제외한 다른 포맷에서는 서경주제와 지명주제를 표시할 수 있도록 별도의 필드를 설정하고 있다.

이밖에도 UNIMARC와 USMARC에서는 통제된 주제명표목표나 디소러스에 근거하지 않고 부여된 색인어를 표시할 수 있도록 하기 위한 별도의 필드를 설정하고 있으며, UNIMAC에서는 고유명/서경주제를 표시할 수 있는 필드를 설정하고, 또한 출판지나 제작지를 통한 검색이 가능하도록 별도의 필드를 설정하고 있다. 아울러 USMARC에서는 조합식어휘(faceted vocabulary)를 바탕으로 작성된 일반주제를 표시하기 위한 필드와 자료가 속하는 장르나 형식을 포시하기 위한 필드를 추가로 설정하고 있으며, 지역적인 사용을 위한 필드를 별도로 마련하고 있다.

[표 3-25] 포맷별 주제명필드 대비표

필 드 명	UNIMARC	USMARC	KORMARC	CHINESE MARC	JAPAN MARC
개인명주제	600	600	600	600	650
단체명주제	601	610	610	601	
가족명주제	602			602	
회의명주제		611	611		
고유명/서명주제	604				
서명주제	605	630	630	605	
일반주제명(topical name)	606	650	650	606	658
地名주제	607	651	651	607	
비통제주제어	610	653			
조합식주제어		654			
장르/형식 색인어		655			
출판지 제작지 접근	620				
지역적 주제접근필드		69X			

이와 같은 주제명필드의 서브필드들은 기본적으로 앞서 살펴본 저자와 서명에 관한 해당필드의 서브필드에 주제세목과 연대세목, 지리세목을 추가하여 이루어지게 된다. 아울러 지시자의 사용도 그와 같다. 다만 USMARC에서는 제2지시자로서 사용되는 주제명표목표나 디소러스를 지시하도록 하고 있다. 그러나 UNIMARC와 CHINESE MARC에서는 별도의 서브필드($2)를 설정하여 이를 표시하도록 하고 있다. 따라서 제2지시자를 표기법을 표시하기 위해 사용하고 있는 KORMARC의 입정에서는 사용된 주제명표목표를 표시하기 위하여 이와 같은 서브필드의 추가가 바람직할 것이다. 한편 JAPAN MARC의 경우는 각 주제명이 다른 접근점블록의 필드와 마찬가지로 가다가나형과 로마자형, 한자형이 쌍으로 입력되게 된다.

다. 主題分析

주제분석필드는 기본적으로 레코드의 검색을 용이하게 하기 위해 코드화가 가능한 주제를 별도의 코드로서 나타내는 것으로서, 이를 각 포맷별로 살펴보면 표 3-26와 같다.

[표 3-26] 포맷별 주제분석필드 대비표

필　　드　　명	UNIMARC	USMARC	KORMARC	CHINESE MARC
지리구분코드	660	043	043	660
시대구분코드	661	045	045	661
PRECIS	670			670
지리분류코드		052		
주제범주코드		072		

　지리구분코드(geographic area code)는 지리적인 성격을 가진 자료에 대한 레코드의 검색을 용이하게 하기 위해 미국의회도서관(LC)에서 고안한 것이 일반화된 것으로, 모든 포맷에서 7자의 고정장으로 이루어지는 LC의 Geographic Area Code를 바탕으로 하고 있다.

　시대구분코드(time period code)는 대상자료에서 다루고 있는 연대의 범위를 표시하기 위한 것으로, 모든 포맷에서 LC의 Chronological Coverage Code(현재는 Time Period Code)를 바탕으로 하고 있다.

　한편 UNIMARC와 CHINESE MARC에서는 PRECIS에 의해 작성된 주제색인데이터를 수록할 수 있도록 별도의 필드를 설정하고 있다.

　USMARC에 설정되어 있는 지리 분류코드(geographic classification code)는 자료에서 다루고 있는 지역을 나타내기 위해 LCC와 커터(Cutter)기호표를 바탕으로 지리분류코드를 부여하기 위해 설정된 필드이며, 주제범주코드(subject category code)는 국립농업도서관의 주제범주코드를 비롯한 각종의 주제범주코드에 따라 주제범주를 표시할 수 있도록 하기 위해 설정된 필드이다.

　(4) 參照필드
　참조필드는 KORMARC에서만 개인명(900)과 단체명(910), 회의명 또는 집회명(911), 서명(945) 등으로 세분하여 필드를 설정하고 있다. 반면에 UNIMARC와 USMARC, CHINESE MARC에서는 전거통정을 필요로 하는 저자사항과 주제명사항의 각 필드와 통일서명 필드에 전거파일과 연결될 수 있도록 별도로 존거레코드번호의 서브 필드($3)를 설정하고 있다.

이와 같은 전거레코드와의 연결은 참조의 기능을 효율적으로 수행할 수 있도록 해줄 뿐만 아니라, 검색의 효율성을 높이는 데도 큰 도움이 될 것이다. 따라서 KORMARC와 JAPAN MARC에서도 전거포맷의 작성 및 유지와 함께 이를 서지레코드와 연결시켜 주는 방법을 도입하는 것이 바람직할 것이다.[40]

3. 識別部의 데이터요소

식별부의 데이터요소는 기본적으로 레코드 자체를 식별해주거나 레코드에서 기록하고 있는 자료를 식별해주는 번호로 이루어진다. 따라서 UNIMARC와 CHINESEMARC, JAPAN MARC의 식별블록의 데이터와, USMARC의 제어필드 및 제어정보와 번호, 코드필드에 속하는 일부필드의 데이터, KORMARC의 제어필드 및 서지통정번호, 지식번호에 속하는 일부필드의 데이터가 여기에 속한다. 이들 필드를 각 포맷별로 살펴보면 표 3-27와 같다.

---

40) 전거포맷 및 전거레코드에 관해서는 李丙起. KORMARC를 위한 자동전거하일의 기초적 설계. 중앙대대학원 석사학위논문. 1989. 6. 참조.

[표 3-27] 포맷별 식별부의 데이터필드 대비표

필 드 명	UNIMARC	USMARC	KORMARC	CHINESE MARC	JAPAN MARC
레코드식별번호(제어번호)	001	001	001	001	001
판차식별번호(최종작업일시)	005	005			
중앙도서관제어번호		010	010/012	(050)	
연관의회도서관제어번호		011			
국제표준도서번호	010	020	020	010	010
국제표준연속간행물번호	011	022	023	011	
국가서지번호	020	015	015	020	020
납본번호 저작권등록번호	021	017		021	
저작권논문비용코드		018			
정부간행물분류번호	022	086	086	022	
해외입수정보		025			
표준기술보고서번호		027			
코드화 수치데이터		034			
시스템제어번호		035	035	050	
자료재고번호(stock number)		037			
편목전거		040	040		
언어코드		041	041		
확인기관코드		042		042	
출판년유형코드		046			
문자세트코드		066			
정부인쇄소 자료번호		074			
보고서번호		088			

레코드식별번호필드는 레코드를 작성하고 사용하고 배포하는 기관에서 레코드를 제어하기 위해 사용하는, 그 레코드와 유일하게 관련되는 제어번호를 표시하는 필드이다. 판차식별번호필드에는 그 레코드에 대한 작업이 최종적으로 이루어진 일시를 표시하게 된다. 중앙도서관제어번호에 해당하는 것으로는 USMARC의 LC제어번호필드(010)와 KORMARC의 등록번호필드(010)가 있는데, 각각 LC와 국립중앙도서관의 제어번호 및 등록번호를 수록하게 된다. 다른 도서관에서 국가중앙도서관이 작성한 레코드를 사용할 경우에 USMARC에서는 LC제어번호를 001필드에서 010필드로 옮기고 001필드에 자체의 제어번호를

입력하도록 하고 있으나, KORMARC에서는 별도의 012필드를 신설하여 국립중앙도서관의 등록번호를 여기에 옮기도록 하고 있다. 한편 CHINESE MARC에서는 국립중앙도서관카드번호를 입력할 수 있도록 하고 있다.

표준번호와 관련하여 모든 포맷에서는 국제표준도서번호(ISBN)에 대한 필드를 설정하고 있으며, JAPAN MARC를 제외한 다른 포맷에서는 국제표준연속간행물번호(ISSN)에 대한 필드를 설정하고 있다. 그러나 단행본총서 등에 ISSN 부여되는 예를 본다면 JAPAN MARC에도 필드의 신설이 필요할 것이다. 국가서지번호필드는 각국의 국가서지에서 해당자료에 부여하고 있는 번호를 수록하기 위한 필드이며, 납본번호 또는 저작권등록번호필드는 각국의 납본기관이나 저작권발급기관에서 부여하는 번호를 수록하기 위한 필드이다. 정부간행물분류번호필드는 정부기간에서 발행한 자료에 부여된 번호를 수록하기 위한 필드이다.

시스템제어번호필드는 지역의 특정시스템에 속하는 레코드의 시스템제어번호를 수록하기 위한 필드이며, 편목전거필드는 타기관의 목록정보를 이용할 경우 이를 표시하기 위한 필드이다. 언어코드는 해당자료와 관련된 언어를 표시하기 위한 필드이다. 확인기관코드(authentication code)필드는 레코드가 어떤 방법에 의해 평가되었음을 표시하는 코드를 수록하게 된다.

특히 USMARC에서는 이밖에도 관련된 레코드를 상호연결시키기 위한 필드(011)와 단행본에 수록된 구성요소부분(component part)에 대한 유일한 식별코드와 함께 복사료에 대한 정보를 수록하는 필드(018), LC에서 이용하고 있는 해외자료입수프로그램을 표시하기 위한 필드(025), 기술보고서에 부여되는 표준기술보고서번호(STRN: Standard Technical Report Number)를 수록하기 위한 필드(027), 縮尺이나 經緯度와 같은 수치데이터를 부호화하여 표시하기 위한 필드(034), 자료재고번호와 구입처, 입수조건, 발행형태 등을 표시하기 위한 필드(037), 코드화정보필드에 수록치 못한 출판년유형을 표시하기 위한 필드(046), 표준코드 이외의 코드가 사용되었음을 표시하기 위한 필드(066), 미국정부인쇄소(GPD)에서 부여한 자료번호를 수록하기 위한 필드(074), STRN 이외의 보고서번호를 수록하기 위한 필드(088) 등이 추가로 설정되어 있다.

결과적으로 식별부의 데이터필드에는 레코드 자체는 물론 레코드에서 기록하고 있는 자료를 식별하기 위한 유용한 정보가 수록되게 된다. 따라서 KORMARC에 있어서도 최종작업 일시필드와 저작권등록번호필드, 표준기술보고서 번호필드, 보고서번호필드 등의 설정을 고려해야 할 것이다.

이상에서는 MARC 포맷의 핵심을 이룬다고 할 수 있는 레코드의 내용과 관련하여 목록이론의 관점에서 그 변화과정을 분석하고, 그 구체적인 내용을 고정장 코드화 데이터요소와 가변장 데이터요소르 구분하여 주요 포맷을 대상으로 직접 비교분석하였다. 다음에는 이와 같은 분석과정에서 동양자료의 서지적 특성과 관련하여 특징적인 것으로 나타난 冠稱과 表記法의 문제, 그리고 KORMARC에 포괄적인 수용이 이루어져야 할 것으로 생각되는 聯關著錄필드에 대하여 편도규칙에 대한 구체적인 분석을 통하여 개선점을 제시해 보고자 한다.

Ⅳ. 東洋資料의 書誌的 特性과 MARC 포맷에 관한 分析

前章에서는 각 포맷을 대상으로 하여 데이터요소들을 구체적으로 비교분석하였다. 이어서 본장에서는 동양자료의 서지적 처리와 관련하여 반드시 고려해야 할 것으로 생각되는 문제로서, 冠稱의 문제와 表記法의 문제를 전통적인 편목규칙에 대한 고찰과 함께 구체적으로 분석해보고자 한다. 아울러 UNIMARC의 특징적인 필드로서 설정된 이래 이후의 각종 포맷에 새로이 반영되고 있는 聯關著錄에 대해서도 KORMARC의 개선이라는 관점에서 상세한 분석이 이루어질 것이다.

A. 箸錄에 있어서 冠稱의 處理 問題

관칭은 일반적으로 서명의 앞이나 위에 기재되는 어구를 말한다. 그러나 그 처리에 있어 같은 동양권의 국가인 한국과 대만, 일본의 편목규칙은 물론 우리 국내의 편목규칙 사이에서도 서로 차이를 보여주고 있다. 이러한 규칙에 있어서의 차이는 카드목록에서 뿐만 아니라 MARC 포맷상의 처리에 있어서도 그대로 적용됨으로서 목록의 기술과 표목의 통일에 상당한 혼란을 초래하고 있는 것이다.1)

---

1) Jeong Pil-mo and Oh Dong-geun. On the processing of Kwanching in the title of the East-Asian materials. *Cataloging ε Classification Quarterly* vol.12 no.;(1990). pp. 83-104.

그리하여 본절에서는 이러한 문제가 생기는 원인이 무엇인가를 살펴기 위해 우선 관칭의 정의에 대한 재정립을 시도하는 한편, 한국과 대만, 일본의 주요 편목규칙 중심으로 그 처리방법을 기술부와 표목부로 구분하여 비교분석하고, 특히 자동화된 상황에서의 적용을 위하여 MARC 포맷과 관련하여 이를 고찰하고자 한다. 본절에서 사용하는 '冠稱'이라는 용어는 특정의 편목규칙에서의 예를 제외하고는 서명의 앞이나 위에 기재되는 모든 어구를 포괄하는 일반적인 의미로 사용하기로 한다. 이는 單行本에 대해서는 '標題'라는 용어보다도 '書名'이라는 용어를 더 일반적으로 사용하는 관례에 따른 것이다.2)

1. 冠稱에 대한 槪念의 再定立

(1) 冠稱의 一般的 意味 分析

관칭은 일반국어사전에는 나타나지 않는 용어로써, 도서관학 분야의 하나의 專門用語라고 할 수 있을 것이다. 다만 일반국어사전에는 이와 유사한 것으로 冠詞(article)라는 용어가 보인다. 이는 西歐語에서 명사의 앞에 와서 단수, 복수 등의 數, 남성, 여성, 중성 등의 性, 정, 부정 등의 지정의 뜻을 나타내기 위하여 사용되는 것으로 어떤 용어의 앞에 놓여 그 용어를 꾸며주는 역할을 한다. 이로부터 유추하여 관칭을 정의해 보면, 서명의 앞에 놓여 그 서명을 수식하는 역할을 하는 것이라고 할 수 있을 것이다.

한편 도서관학분야의 용어사전 중 일본에서 간행된 日本書誌學用語辭典에서는 관칭을 '본체의 서명 앞에 첨부되어 쓰여져 있음을 칭한다'고 하였고 圖書館用語集에서도 '서명의 최초에 부여되어, 그 내

---

2) 單行本 이외의 모든 자료까지를 고려한다면 冠題라는 용어가 타당할 것이다. 中國編目規則에서 일반자료에 대해서는 title을 '題名'으로, 도서에 대해서는 '書名'으로 표현하고 있는 것도 같은 이유에서일 것이다.

용, 형태, 판차 등에 관하여 한정, 수식하는 어구'라고만 정의하고 있다. 특히 일본의 江戶시대의 脚本, 戲作 등에서 두줄로 나누어 쓴 것을 '角書'라 부르기도 하였다고 한다. 그러나 국내의 용어사전에는 '관칭'이라는 용어의 정의가 보이지 않는다.3) 이러한 辭典的 定義는 주로 서명의 앞에 와서 그 서명의 수식한다는 형식적 측면을 강조한 일반적인 정의일뿐 본질적인 정의로는 다소 미흡한 감을 주고 있다.

(2) 編目規則上의 冠稱의 定義 分析

한편 관칭에 대하여 비교적 상세히 정의하고 있는 것으로는 편목규칙의 정의가 있다.

한국에서는 朴奉石이 편찬한 東書編目規則에 이미 '관칭'이라는 용어가 등장하고 있다. 이 규칙에서는 제3장 서명 부분의 제3절에 '冠稱取捨'라는 절을 만들어 이를 취급하고 있으나4) 관칭에 대한 별도의 정의는 내리지 않고 있다. 따라서 당시에도 이미 이 용어가 일반적으로 사용되고 있었던 것으로 생각된다. 또한 韓國目錄規則의 초판5)과 수정판6)에서도 '서명의 관칭'이라는 절을 필드로 두어 이를 취급하고 있다. 그러나 역시 관칭에 대한 구체적인 정의는 보이지 않는다.

한국목록규칙 제3판(이하 KCR3)에서는 관칭 대신에 '冠題'라는 용어를 사용하고 있는데, 1.1.1.5항에서 '(관제-본서명의 앞의 기재물) 본서명의 앞이나 위에…기재되어 있는 것…'7)으로 규정하고 있다. 이로부터 보면 결국 관제라는 용어는 지금까지 일반적으로 사용해온 관칭을 대신하는 것으로 생각된다. 그리고 편목시의 그 처리에

---

3) 도서관 정보학용어사전(한국정보관리학회)에는 관칭이라는 용어가 나타난다. 그러나 이는 본고에서의 정의와는 거리가 있으므로 論外로 한다.
4) 朴奉石 編. (朝鮮)東書編目規則. 서울, 國立圖書館, 4281(1948). pp. 10-11.
5) 韓國圖書館協會 編. 韓國目錄規則. 서울, 同協會, 1964. pp.63-64.
6) 韓國圖書館協會 編. 韓國目錄規則. 修正版. 서울, 同協會, 1966. p. 68.
7) 韓國圖書館協會 編. 韓國目錄規則. 3版(記述 標目올림指示篇). 서울, 同協會, 1983. p. 29.

있어서는 '대등서명, 부서명, 잡제, 권차나 회차나 연자, 저자표시, 판표시, 발행처명, 총서명 및 그 밖의 어구가 기재되어 있는 것은 각기 해당사항의 기재위치에 옮겨적는다'8)고 규정하고, 이어서 단서조항으로 본서명에 포함시켜 다루어야 할 것들에 대하여 규정하고 있다. 여기에서 관칭(관제)은 우선 본서명 앞에 기재된다는 形式的인 면에서 규정하고, 그 내용적인 면에 대해서는 그 처리방법과 예외규정에서 비교적 상세하게 규정하고 있다.

한편 자동화목록에서의 서지적 기술을 위해 작성된 한국문헌자동화목록법기술규칙(이하 KORMARC 기술규칙)에서는 '본서명 앞의 문구'를 관칭과 관제로 구분하여 규정하고 있다. 즉 1.1라 1항에서 '본서명 앞에 기재되어 있는 문구 중 총서명, 대등서명, 원서명, 저자명, 발행자명, 회차, 권차, 판차 등을 제외하고는 전부 관칭이나 관제로 취급한다'9)고 규정하고, 이어서 '…10자 미만일 때에는 이를 관칭으로 간주하고 원괄호로 묶어 본서명 앞에 기술'10)하도록 하고, '…10자 이상일 때에는 관제로 간주하고 이를 주기사항에 '관제'라는 標出語를 앞세워 기술'11)하도록 하고 있다. 이 규정은 소위 본서명의 앞에 오는 어구를 관칭과 관제로 구분하여 새로이 정의한 것으로서 이들 용어에 대한 가장 명확한 정의라고 할 수 있을 것이다.

이는 우선 두 용어에 있어서 모두 본서명의 앞에 기재된다는 形式的인 면에서의 공통점을 들고 그 글자수에 따라서 두 가지 용어를 구분하여 정의하고, 기타의 문구에 대한 규정에서 그 처리방법을 내용적인 면에서 제시하고 있는 것이다.

이와 같이 관칭과 관제를 글자수에 의해 구별하는 것은 그 처리의 統一性에 주안점을 둔 것으로서, 양자의 구분을 명확히 하고, 편목자

---

8) *Loc. cit.*
9) 국립중앙도서관 전산실 편. 한국문헌자동화목록법기술규칙(단행본용). 예비노트 보완판. 서울, 국립중앙도서관, 1985. pp. 31-36.
10) *Loc. cit.*
11) *Loc. cit.*

사이에 야기되는 혼란을 최소화하는 데 있어 도움이 될 것이다. 따라서 편목자 사이에서의 임의의 판단에 의한 처리에 의해 생겨나는 착오를 최소한으로 줄여줄 수 있다12)는 면에서 긍정적으로 평가될 수 있을 것이다. 나아가 그 처리방법이 기계적인 작업에 의해 이루어질 경우에는 그 利點이 더욱 분명해질 것이다.

하지만 지금까지 관용적으로 사용되어온 용어를 본질적 특성에 근거한 이론적 고려보다는 외형상의 恣意的 특성에 근거하여 관청과 관제로 구별하는 데는 다소한 무리가 있는 듯하다. 더구나 '10자 미만'과 '10자 이상'이라는 구분기준이 설정된 근거 자체가 모호할 재에는 더욱 논리성을 찾기가 어려울 것이다.

다음으로 日本의 편목규칙의 예에서는 관청이라는 용어에 대한 개우 흥미로운 사실이 발견되었다. 즉 일본에 있어서 전후 최초의 표준편목규칙으로 간행된 1952년판(이하 NCR 1952)에서는 별도의 용어정의 없이 서명에 관한 항목에 관청이라는 節을 설정하여 이를 구루고 있다.13) 그러나 이를 개정한 일본목록규칙 1965년판(이하 NCR 1965)에 있어서는 관청이라는 용어는 나타나지 않고 있다. 그러나 서명, 부서명, 별서명에 이은 주기에서 '서명의 전후에 있어서 이를 한정수식하는 부분 뜨는 서명과 관계가 있는 부분은…'14)을 언급하고 그 처리방법에 대하여 규정하고 있다. 즉 소위 관청현상을 분명히 인정하면서도 굳이 그 용어의 사용을 피하고 있는 것으로 코인다. 이런 의미에서 불 때 1965年版 追加規則および修正 增補事項(이하 NCR 1971)에 '…서명의 관청이라고 불려지는 쿠분(작은 문자로 표시되거나 2단구분으로 표시되어 있더라도, 서명의 일부분으로

---

12) 玄圭燮. 韓國文獻自動化目錄法(KORMARC)の特徴とその動向. 現代の圖書館 25(3) (1987). p. 119.

13) 日本圖書館協會 目錄委員會 編. 日本目錄規則. 1952年版. 東京, 同協會, 1952. pp. 45-46.

14) 日本圖書館協會 目錄委員會 編. 日本目錄規則. 1965年版. 東京, 同協會, 1965. pp. 93-95.

서, 부서명과 총서명에 상당하는 것이 있다)은…’15)이란 어구를 여기에 추가한 것은 지극히 타당한 것으로 생각된다.

그러나 1977년의 일본목록규칙 新版 予備版(이하 NCR 1977)에서는 다시 관청이라는 용어를 사용하지 않고, 다만 ‘서명의 위 또는 앞의 부서명, 권차, 연차 등, 저자명, 版, 출판자명, 총서명 및 기타의 어구’16)에 대한 규정을 서명의 기술조항에 포함시켜 설명하고 있을 뿐이다. 이는 일본목록규칙 1987年版(이하 NCR 1987)에서도 마찬가지이다. 이런 면에서 본다면, ‘서명의 위 또는 앞에…어구’라는 말이 결국 관청을 지칭하는 것으로 보인다. 다만 NCR 1987에서는 서명관련정보(여타서명정보)의 항목에서 ‘본서명의 위나 앞의 위치에 표시되어 있는 것’17)으로서 書名先行事項을 들고 있다. 이는 다음에 살펴보게 될 ISBD의 avant titre에 대한 譯語로서, 용어해설에서도 ‘표제지 또는 그것을 대신하는 것에 표시되며, 본서명의 위 또는 앞에 놓여 본서명을 선도하는 형식의 서명관련정보’18)로 정의하고 있다. 이 해설 역시 ISBD(M)의 용어해설을 거의 그대로 따르고 있는 것이다. 그러나 그 성격은 관청과 전혀 차이가 없음을 알 수 있다. 따라서 이 용어는 英美系편목규칙의 어구에 얽매여 동양적 특성을 가진 현상을 지나치게 서양위주로 정의한 것이 아닌가 생각된다.19) 이에 대해서는 다음에 다시 검토하기로 한다.

다음으로 일본의 편목규칙 가운데 관청에 대하여 비교적 구체적으

---

15) 日本圖書館協會 目錄委員會 編. 日本目錄規則. 1965年版および修訂 增補事項. 東京, 同協會, 1971. p. 57.

16) 日本圖書館協會 目錄委員會 編. 日本目錄規則. 新版子備版. 東京, 同協會, 1977. p. 13.

17) 日本圖書館協會 目錄委員會 編. 日本目錄規則. 1987年版. 東京, 同協會, 1987, p. 64.

18) *Ibid.* p. 303.

19) Jeong Pil-Mo and Oh Dong-Geun. On the processing of Kwan-ching in the title of the East-Asian materials-From the Korean perspective. *Cataloging ε classification quarterly* 12(2) (Oct/Dec. 1990). p. 87.

로 정의하고 있는 것으로는 일본국립국회도서관의 日本目錄規則 適
用細則(이하 NDLC)을 들 수 있다. 동세칙에서는 '書名の取扱基準'을
별도로 설정하여 관칭의 취급에 대하여 상세히 규정하고 있다. 즉 관
칭에 대해서는 '서명의 앞에서, 작은 문자의 한줄 쓰기나 나누어쓰기
로 서명을 한정수식자거나 또는 서명에 관련하여 표시되어 있는 것
으로 서명의 관칭이라고 불려지는 부분'20)이라고 설명하고 이를 다
시 그 기능에 따라 8가지 항목으로 세분하여 그 처리방법을 구체적
으로 규정하고 있다. 이것 역시 우선 형식적인 면에서 관칭을 정의하
고 그 내용이나 기능적인 면에서 이를 다시 세분하여 다루고 있다.

한편 臺灣의 1972년의 국립중앙도서관의 中文圖書編目規則(이하
NCLC)에서는 서명의 머리(冠)에 있는 欽定, 御批, 增廣, 增補, 詳註,
箋註, 重修, 校訂, 選本, 足本, 編像, 繪圖 등의 글자에 대하여 별도
의 규정을 마련하고 있다.21) 이에 대해서는 1986년의 中國編目規則
(이하 CCR)에서도 동일하게 규정하고 있다.22) 이렇게 볼 때 대만의
편목규칙에서도 관칭이라는 명칭을 사용하여 구체적으로 지칭하지는
않았지만 관칭현상에 대해서는 이를 인식하고 그에 대한 처리방법을
모색하고 있음을 알 수 있다.23)

한편 서양의 편목규칙에서 볼 수 있는 관칭과 가장 유사한 예로는
avant titre가 있다. 이는 통상 書名先行事項으로 번역되는데, ISBE (M)에
서는 이를 '표제지 또는 표제지의 대용물에서 본서명의 앞에 그리고 출판

---

20) 國立國會圖書館 編. 日本目錄規則 適用細則. 印刷カード通信 No.53 (1979.
　　11 20). p. 14.
21) 國立中央圖書館 編. 中文圖書館編目規則. 5版. 目編, 臺北, 同館, 1972. p.6
　　한편 그 설명문에서는 '이러한 글자'를 '冠詞'라는 용어로 나타내고 있다.
22) 圖書館自動化作業規劃委員會 中國編目格式硏訂小組 編. 中國編目規則. 臺北.
　　國立中央圖書館, 1986. pp. 78.
23) 물론 대만의 목록에 대한 개론서에서는 本稿의 관칭에 해당하는 용어인 앞
　　서의 冠詞라는 용어를 볼 수 있다(金敏甫 編著. 圖書編目學. 臺北, 正中書
　　局. 1979. p. 117; 倪寶坤 編著. 圖書館編目學. 臺北, 中華書局, 1985. p.
　　109). 그러나 목록규칙 자체에는 이 용어가 나타나지 않는다.

물의 본서명의 위에 나타나는 여타서명정보(other title information)'[24)
로 정의하고 있다. 이러한 정의에 따르면 결국 avant titre는 형식적인
면에서 관칭과 동일한 의미로 사용되고 있음을 알 수 있다. 이때 이 정
의에서는 avant titre를 여타서명정보로 규정하고 있음에 유의해야 할
것이다. AACR2와 AACR2R에서도 여타서명정보에 대한 정의에서 부
서명과 함께 이를 포함시키고 있는 것이다. 한편 NCR 1987에서도 이
미 살펴본 바와 같이, 이를 거의 그대로 따르고 있다.

이상과 같이 관칭에 대해서는 편목규칙에 따라 그 정의가 다양하
게 사용되고 있고, 때로는 구체적인 정의없이 사용되기도 한다. 따라
서 그 처리방법에 대해 구체적으로 살펴보기에 앞서 그 기본적인 정
의를 명백히 하는 것이 순서일 것이다.

李承周는 '관칭은 ALA 편목법의 'at head of title'이라는 용어에
서 유래했을 것'이라고 추정하고, 이를 주기에서 卷頭書名으로 표시
하는 것은 그것이 주서명을 수식하기 위한 부수적이고 이차적인 불
완전성과는 합치하지 않는다고 지적하면서, 관칭이나 관제와 같은
완전형이 아닌 용어를 사용해야 한다고 주장하고, 이를 관제라는 용
어로 통일하여 표현하고 있다.[25)

또한 主書名에 부가하여 이를 수식하거나 의미를 제한하는 보충서
명을 관제와 後題로 구분하기도 하는데, 이 경우는 표제의 머리에
올 때는 관제, 표제의 뒤에 올 때는 후제라는 용어를 사용하고 있다.
즉 이 경우에 있어서 관칭은 관제의 상위개념으로서, 관제와 후제를
포괄하는 의미로 인식되는 듯하다.[26) 그러나 표제의 뒤에서 주서명
을 수식하는 후제가 '앞머리'라는 의미를 내포하고 있는 관칭에 포

---

24) IFLA. *ISBD(M): International standard bibliographic description for monographic publications.* 1st standard edition. revised. London. IFLA International Office for UBC, 1978. p. 2.

25) 李承周. 冠題에 관한 試論. 도서관 102 (1966. 2). p. 32.

26) 金抱玉. 記述目錄上 東洋書書名의 冠稱處理에 관한 研究. 國會圖書館報 175 (1984. 11). p. 19.

함시킬 수 있는 것인지는 의문이다.

이미 살펴본 바와 같이, 이승주는 관칭이 ALA 편목법의 'at head of title'의 譯이라고 하지만 그 유래를 서명의 편목규칙에서 찾는 것은 무리가 아닌가 한다. '冠'字는 원래 머리(首)를 나타내는 '元'과, 덮는다는 의미를 나타낸 '?', 헤아린다는 의미를 나타내는 '寸'의 합성자라는 어원에서 본다면 관칭은 그 형식적인 면에서 '본서명의 앞에 오는 어구'로서 광의적으로 정의하는 데는 별무리가 없을 것이다.

그러나 內容的 측면에서 관칭을 본서명의 앞에 오는 모든 어구로 정의하는 것은 문제가 있다. 따라서 기능이나 내용적인 면에서 이게 대한 추가의 정의가 필요하게 되는 것이다.

내용적인 면에서 관칭을 정의하기 위해서는 우선 그 상위가 되는 서명의 성격을 파악해야 할 것이다.27) 서명은 출판물 또는 저작이 붙어지는 이름으로, 그 내용을 시사하거나 설명해주는 것이 일반적이며, 이는 크게 일반서명과 변형서명으로 구분할 수 있다. 변형서명은 書背書名 등을 가리키는 것으로, 이는 본고에서의 관칭에 대한 고찰과는 거리가 있으므로 論外로 한다.

ISBD(M)에 의하면 서명은 크게 본서명(title proper), 대등서명 (parallel title), 여타서명정보(other title information)로 구분된다. 본서명은 출판물의 주된 서명으로, 別書名(alternative title)은 여기에 포함되지만, 대등서명과 여타서명정보는 제외된다. 대등서명은 다른 언어나 문자로 된 본서명이라고 말할 수 있다. 여타서명정보는 본서명과 관련하여 또는 본서명에 종속되어 나타나는 서명으로, 대등서명, 본서명의 변형, 각권서명의 일부, 출판물에 수록된 각 저작의 서명과 관련하여 또는 이들에 종속하여 나타날 수도 있다. 여타서명정보는 서명을 수식하거나 설명하거나 완성시켜 주거나, 그 출판물이나 저작의 특성, 내용 등을 지시해 주거나, 그 출판물의 제작의 동

---

27) 관칭을 엄밀한 의미에서 서명의 일부로 볼 수 있는가에 대한 의문이 제기될 수도 있을 것이다. 그러나 이는 다음의 검토를 통하여 명백해질 것이다.

기나 사유 등을 지시해 주는 것이다. 따라서 이는 본서명에 대하여 부가적인, 二次的 서명이라 할 수 있을 것이다. 정보원에 있어서의 이들의 위치는 NCR 1987에서 지적한 바와 같이, 주로 본서명의 다음에 이어지는 것이 많지만, 본서명의 위나 앞의 위치에 표시되어 있는 것도 있다.28) 여기에는 副書名(subtitle)과 서명선행사항(avant titre)이 포함된다.

이상에서 살펴본 서명의 종류를 도표로 나타내면 다음과 같다:

$$
\text{서 명}
\begin{cases}
\text{본서명} \begin{cases} \text{주서명} \\ \text{별서명} \end{cases} \\
\text{대등서명} \\
\text{여타서명정보} \begin{cases} \text{부서명} \\ \text{서명선행사항} \end{cases}
\end{cases}
$$

이와 같은 기준에 의하여 관칭에 해당하는 부분을 찾는다면, 역시 서명선행사항이 될 것이다. 결국 서양에서 말하는 avant titre는 동양의 관칭에 상당하는 것이다. 따라서 관칭의 가장 직접적인 상위개념을 餘他書名情報로 간주하는 데는 무리가 없을 것이다.

다음으로 관칭을 정의하는 데 있어서 반드시 고려해야할 것은 범위의 문제이다. 이미 살펴본 바와 같이, 관칭을 형식적인 면에서만 고려한다면 '본서명의 앞에 오는 모든 어구'로 정의할 수 있을 것이다. 그러나 그 본질적인 성격이나 내용과는 관계없이 그 외형상의 기재위치만으로 어떤 용어를 정의하기보다는 그 內容이나 機能上의 특징에 따라서 구체적인 한계와 구분을 설정하는 것이 필요하게 되는 것이다. 이를 위해 우선 관칭의 종류를 개괄적으로 살펴보고자 한다.

(3) 冠稱의 種類

우선 관칭의 종류에 있어서는 크게 형식면과 내용면에서 구분하여

---

28) 日本圖書館協會 目錄委員會 編. 日本目錄規則 1987年版. *op. cit.* p. 64.

살펴볼 수 있다.

形式的인 면에서 관칭의 종류를 구분해 보면 다음과 같다.29)

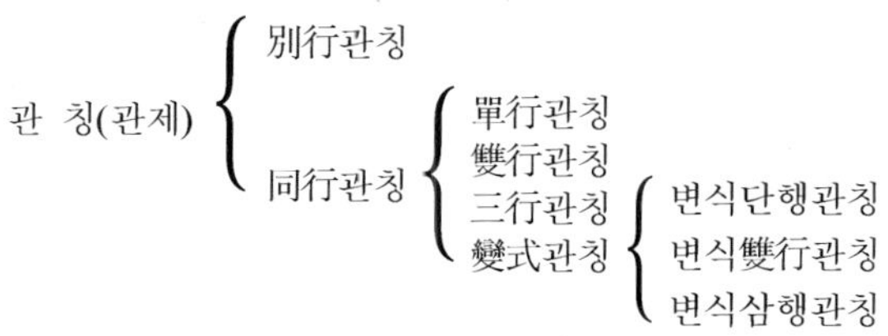

그러나 이러한 외형에 의한 구분은 관칭의 내용이나 기능과는 다소 거리가 있는 것으로서, 본질적인 정의를 위해서는 거의 도움이 되지 못한다.

다음으로 관칭의 종류를 내용면에서 살펴보면, 이는 그 기준에 따라 다양하게 분류될 수 있는데, 그 대체적인 것만을 들어보면 다음과 같다:

1) 도서제작상의 外形的 體制를 나타내는 것으로, 縮刷, 휴대용, 포켓용 등이 그 예이다.

2) 도서제작상의 내용의 체제를 나타내는 것으로, 圖說, 객관식, 역사소설 등이 그 예이다.

3) 版의 변화를 설명하는 것으로, 원본, 增修, 개편 등이 그 예이다.

4) 시대나 연대를 나타내는 것으로, 고대, 중세, 20세기 등이 예이다.

5) 회차나 年次를 나타내는 것으로, 제1회, '89년도, 제5차 등이 그 예이다.

6) 지역이나 장소를 나타내는 것으로, 세계, 동양, 한국 등이 그 예이다.

7) 작자나 출판사항을 나타내는 것으로, 칸트, 삼성판, 세창 등이 그 예이다.

---

29) 金抱玉. *op. cit.* p. 22.

8) 출판의 由來를 나타내는 것으로, 흠정, 官版, 私版 등이 있다.

9) 목적이나 대상을 나타내는 것으로, 수업용, 중학생, 초등 등이 그 예이다.

10) 판매정책상의 의도에 의해 부여된 것으로, 알기쉬운, 간추린, 요령 등이 그 예이다.

이외에도 때로는 서명이 길어서 관칭형식으로 된 것도 있다.30)

이상에서 볼 때 내용면에서의 관칭의 종류는 결국 서명의 종류만큼이나 다양함을 알 수 있다. 다만 내용적인 면에서 관칭을 구분할 때 반드시 고려해야 할 것은 관칭은 서명사항의 일부로서 다루어진다는 사실이다. 따라서 형식적인 면에서 볼 때는 본서명의 앞에 기재되어 있는 어구라고 하더라도, 그것이 다른 기술사항에 속하는 경우(예를 들면 개정판, 예수제자핸드북시리즈 등)에는 이를 관칭의 범위에 포함시켜서는 안 된다는 사실이다. 즉 형식적인 면에서는 '본서명의 앞에 오는 모든 어구'를 관칭에 포함시켜 정의해야 하겠지만, 內容的인 면에서는 서명사항 이외의 다른 사항에 속하는 요소들은 그 내용에 따라 각각 해당하는 기술사항에 포함시켜 이를 기술해야 할 것이다. 또한 서명사항에 속하는 어구라 하더라도, 이미 살펴본 바와 같이, 본서명과 대등서명을 제외한 여타서명정보만이 그 대상이 된다.

그러면 여기서 문제가 되는 것은 여타서명정보 가운데에서 부서명과 관칭을 어떻게 구별할 것인가 하는 것이다. 우선 副書名은 글자 그대로 본서명을 대신할 수 있을 정도로, 본서명과는 형식상 별개의 독립적인 성격을 갖는 서명이라 할 수 있을 것이다. 반면에 관칭은 본서명을 수식자거나 설명하기 위한 어구로서, 본서명에 종속된 완

---

30) 본고의 주된 목적은 관칭의 종류를 고찰하고자 하는 것이 아니므로, 이에 대해서는 상세히 다루지 않기로 한다.(그 종류에 대해서는 李承周. *op. cit.*; 金抱玉. *op. cit.*의 논문 및 任鍾淳. 圖書館目錄에 있어서의 冠稱問題. 國會圖書館報 1(5) (1964). pp. 89-105. 참조).

결되지 못한 불완전한 요소라 할 수 있다. 즉 관칭은 반드시 본서명과 결합해서만이 하나의 독립적인 서명을 구성할 수 있는 것이다. 그러나 이때 다시 문제가 되는 것은 본서명과 관칭의 구분이다. 그 구분은 편목규칙에서 구체적으로 규정하기 보다는 결국 편목자의 판단에 맡길 수밖에 없는 것으로서, 내용과 실물의 제목에서 나타나는 실제 등이 그 기준이 될 수 있을 것이다.

　이상에서 관칭에 대한 일반적인 정의를 語源과 각 편목규칙상의 정의를 통하여 그 형식과 내용의 측면에서 살펴보았다. 이를 종합해 보면 관칭은 ‘본서명의 앞이나 위에 기재되어 있는 從屬的인 어구로서 그 자료의 형식이나 내용 등을 수식하거나 설명해 주는 여타서명 정보’라고 정의할 수 있을 것이다. 따라서 다른 기술사항에 포함되는 요소는 이 정의에 포함될 수가 없는 것이다. 아울러 본서명의 앞에 오는 어구로서 서명사항의 요소라 하더라도 본서명과 완전히 득립적인 성격을 갖는 요소들은 관칭으로서가 아니라 부서명으로서 다루어야 할 것이다. 그러므로 형식적인 면에서만 내려진 정의(본서명의 앞이나 위에 기재되어 있는 모든 어구)를 廣義의 정의라 한다면 앞에서 말한 정의는 狹義의 정의라고 할 수 있을 것이다.

　그러면 다음으로는 목록을 작성하는 경우에 이러한 관칭을 실제도 어떻게 처리하도록 하고 있는지 각 편목규칙을 근거로 하여 기술부와 표목부로 나누어 살펴보고자 한다.

2. 著錄에 있어서의 冠稱의 處理

(1) 記述部에서의 處理

기술부는 전통적인 목록에 있어서 ‘출판물을 기록하고 식별하기 위한 일단의 서지데이터’31)로 이루어지는 書誌的 記述(bibliographic

---

31) IFLA. *ISBD. op. cit*. p. 2.

description)을 가리키는 말이다. 즉 수많은 자료들을 서로 식별하기 위하여 필요한 요소는 어느 것이고, 그것을 어떤 형식으로 그리고 어떤 순서로 기재해야 하는가를 표시해주는 식별부인 것이다. 이미 살펴본 바와 같이, 관칭은 동양자료에 빈번히 나타나는 특징적인 현상으로서, 자료의 식별에 있어서 중요한 역할을 하게 된다.

이러한 기술부를 표준적으로 처리하기 위한 국제적 표준으로서 제정된 ISBD(M)에서는 이를 7개 사항으로 구분하고 있다. 여기에서 관칭은 기술의 첫 번째 사항인 서명저자표시사항에 있어서 본서명의 앞에 기재되는 요소인 것이다. 이 관칭에 대한 기술부의 처리에 있어서도 그 정의에 있어서와 못지않게 여러 편목규칙에서 다양함을 보이고 있다.

이승주가 관칭의 어원으로 추정한 'at head of title'이라는 용어는 AACR1에 이르기까지 사용되고 있는데, AACR1에서는 이를 註記事項에서 처리하도록 하고 있다.32)

한편 동양의 관칭과 유사한 정의로서 사용되고 있는 것으로 앞서 지적한 서명선행사항(*avant titre*)에 대하여, ISBD(M)에서는 '표제지나 표제지의 대용물에 나타나는 서명선행사항은 문법적으로나 기타의 방식으로 가능한 경우에는 本書名의 다음에 기재하며, 그것이 가능하지 않은 경우에는 그러한 표시를 주기에 기재'(ISBD(M)1.4.6)하도록 하고 있다. 한편 주기에서는 여타서명정보에 준하여 이를 처리하도록 하고 있다(ISBD(M)7.1.2). 즉 서명선행사항은 여타서명정보로서 처리되고 있는 것이다.

KCR3에서는 '본서명의 앞이나 위에 대등서명, 부서명, 잡제, 권차나 회차나 연차, 저자표시, 판표시, 발행자명, 총서명 및 그 밖의 어구가 기재되어 있는 것은 각기 해당사항의 기재위치에 옮겨 적는다'(KCR3 1.1.1.5)라고 되어 있다. 이미 언급한 바와 같이 본서명의

---

32) *Anglo-American cataloguing rules*. North American text. Chicago, ALA, 1967. pp. 218-219.

앞이나 위에 기재되어 있더라도 서명사항 이외의 기술사항에 속하는 것은 협의의 정의에 있어서는 관칭에 포함시킬 수 없는 것이다. 따라서 그와 같은 요소를 제외시키고 나면 이 규정은 ISBD(M)의 규정과 큰 차이가 없음을 알 수 있다. 다만 KCR3에서는 관칭과 본서명이 불가분의 밀접한 관계에 있는 경우에 그 전체를 본서명으로 인정하고, 또한 古典籍의 原書名 앞에 오는 '諺解', '國譯', '新譯', '譯註', '註解' 등의 어귀는 본서명에 포함시켜 기술하도록 단서로서 규정하고 있다.

한편 KORMARC 기술구칙에서는 이미 살펴본 바와 같이, 본서경의 앞에 기재되어 있는 문구를 관칭과 관제로 구분하고, 관칭은 권괄호로 묶어 본서명의 앞에 기술하고 관제는 주기사항에 '관제: '라는 標出語를 앞세워 기술하도록 하고 있다(KORMARC 1.1라1). 이는 정의에 있어서의 구분에 기인한 것으로서, 특히 명확한 구분에 의한 처리에 중점을 둔 것으로 보인다. 그러나 본서명 앞의 문구로서 총서명, 대등서명, 원서명, 저자명, 발행자명, 회차, 권차, 판차 등은 각각 해당사항에 옮겨 기술하고 있는 등 대체로 KCR3와 동일한 처리를 하고 있다. 다만 이 KORMARC 기술규칙에서는 古典籍의 覆刊本이 대해서도 이를 따르도록 하고 있는데, 이에 따라서 '주해', '신역' 등의 어구는 KCR3와는 달리 본서명에 포함되지 않은 채로 별도의 요소로서 기술된다(KORMARC 1.1라3).

NCR 1974에서는 구체적으로 관칭이라는 용어를 사용하지는 않고 있으나 '서명의 위나 앞에 부서명, 권차, 연차 등, 저자명, 판, 출판자명, 총서명 및 기타의 어구가 표시되어 있을 때는 이들 어구는 각각 해당하는 사항의 기재위치에 기재한다'(NCR 1974 2.2.1.1)라고만 규정하고 있다. 이는 KCR3의 규정과 거의 사이가 없는 것이다.

그러나 NCR1987에서는 '본서명의 위나 앞에 표시되어 있는 사항으로 서명관련정보, 권차, 회차, 년차 등, 책임표시, 판차, 출판자명, 총서명과 같은 서지적 사항으로 판정되는 경우는 … 1) 이러한 사상이 本書名의 일부분으로 생각될 때에는 전체를 본서명으로서 기록한다. 2) 본서명의 일부로 생각되지 않고, 별개의 서지사항으로서 판단될 때에는 정보원에 표시된 순서에 관계없이 해당하는 서지사항의 기록순위에 옮겨 기록한다'(NCR 1987, 1.1.1.1.C)고 되어 있다. 이 경우에 있어서 2)항은 광의적으로는 관칭의 범주에 속하지만 앞서 정의한 협의의 관칭의 범주에서는 벗어난 것이다. 이런 의미에서 규정은 편목자의 재량에 크게 의존하는 것으로서, 관칭을 그 내용에 따라 처리하도록 하고 있는 것이다.

한편 일본국립국회도서관의 NDLC에서는 '書名の取扱基準'이라는 항목을 마련하여 관칭의 처리에 대하여 8개사항으로 구분하고, 이를 각각 해당사항에 옮겨적을 것, 부서명의 위치에 기재할 것, 서명의 일부분으로 취급하여 서명과 동일한 크기로 기재할 것 등으로 세분하여 규정하고 있다.33) 이 규정을 살펴보면, 우선 저자, 版種, 권차, 회차, 연차, 총서명 등을 나타내는 것은 해당위치에 옮겨 기재하도록 한다. 다음으로 서명을 설명하거나 보충하는 형태의 것은 부서명으로 취급하여 부서명의 위치에 기재하도록 한다. 또한 부서명으로 취급되지 않더라도, 작품의 형식을 나타내는 것, 저작의 형식을 나타내는 것, 譯註의 형식을 나타내는 것, 그리고 그 외의 대학교과, 문답식, 판례해설, 기념논문집 등의 것, 기타 부서명에 준하여 취급해야 할 것은 부서명의 위치에 기재하도록 한다. 한편 출판사를 나타내는 것, 시대, 연대, 지역을 나타내는 것, 내용을 한정하는 것, 서명을 명확히 하기 위한 것, 내용의 정도 및 효용을 나타내는 것, 도서의 특색, 성질을 나타내는 것, 기타 서명의 일부로 생각되는 것은 서명의 일부로 취급하여 서명과 같은 크기로 기재하도록 한다. 특히 이 경우에 있어서는 필요에 따라서는 관칭을 제외한 서명으로도 부출하도록 지시하고 있다. 그리고 이상의 각항에 해당되지 않는 것은 一般

---

33) 國立國會圖書館 編. *op. cit.* pp. 14-16.

註記에 기재하도록 하고 있다. 이 세칙에서는 NCR 1987과는 다조적으로 편목자의 재량보다는 상세한 규칙에 의하여 관칭을 처리하도록 규정하고 있다. 그러나 이 경우에 있어서도 역시 서명사항 이외의 기술요소는 해당사항에 옮겨 기재하도록 하고, 서명사항에 해당하는 요소에 대해서만 이를 그 성격에 따라 副書名으로 취급하거나 서명의 일부로서 기술하도록 상세히 규정하고 있음을 알 수 있다.

CCR에서는 관칭이라는 용어를 구체적으로 사용하고 있지는 않지만, '본서명(正書名)의 앞(冠)에 '欽定', '御批', '增廣', '增補', '詳註', '箋註', '重修', '校訂', '選本', '足本', '繡像', '繪圖' 등의 글자가 있는 것은 원래서명(原題)의 글자에 의해 저록을 작성하고…'(CCR 1.1.1.7)라고 규정하고 있다. 즉 이상의 어구가 본서명의 앞에 올 경우에는 이를 기술에 대한 구체적인 규정은 보이지 않는다. CCR은 세나라의 규칙 가운데 관칭에 대한 기술을 가장 단순하게 처리하고 있는 규칙이다. 결과적으로 CCR에서는 관칭을 본서명과 밀접한 관계가 있는 것에 관하여 편목규칙에서 그 어구들을 구체적으로 열거하여 이를 한정시키고 있는 것이다.

이상에서 현재 주로 사용되고 있는 동양삼국의 주요편목규칙을 중심으로 관칭의 기술에 대한 처리방법을 살펴보았다. 이들을 종합하보면, 소위 廣義의 관칭에 있어서 서명 이외의 기술사항에 속하는 요소들은 각 해당사항에 옮겨 기술하도록 해야 한다는 사실에는 異見이 없는 것으로 나타났다―이는 협의의 관칭의 정의에는 포함되지 않는 것으로, 논리적으로는 지극히 타당한 결론이 된다. 그러나 그 이외의 요소들―狹義의 관칭―의 처리에 대해서는 그 정도나 내용에 있어서 많은 차이를 보이고 있다.

그 처리방법을 대별해 보면, 그 성격에 따라 본서명에 포함시켜 기술하는 경우, 부서명으로서 기술하는 경우, 주기사항에 기술하는 경우, 본서명의 앞에 별도로 기술하는 경우로 구분할 수 있다.

우선 본서명에 포함시켜 기술하는 경우는 본서명과 불가분의 관계에 있어서, 본서명의 일부로서 생각되는 것이 이에 해당한다. 그러나 이때에는 그 불가분의 관계에 대한 판단기준이 문제가 될 것이다. 이것은 결국 저자의 의도가 담긴 책자체와 제목과의 관계 등을 고려해서 판단할 수밖에 없을 것이다.34) 그러나 동일한 서명사항에 속하기는 하지만, 서로 달리 구분하여 표시된 요소를 동일한 요소를 포함시켜 구분 없이 함께 기술하는 것은 ‘표제지에 표시된 대로’ 기술한다는 소위 轉記의 原則에 벗어나는 것으로 생각된다. 따라서 서로 불가분의 관계에 있더라도, 식별을 위한 요소인 기술부에 있어서는 관칭과 본서명을 구분하여 기술하는 것이 바람직하다.

다음으로 부서명으로서 기술하는 경우는 본서명을 대신할 수 있을 정도의 비중을 갖는 요소들이 이에 해당한다고 할 수 있다. 이는 관칭에 있어서 그 형식보다는 내용에 중점을 둔 기술방법으로서, 이미 정의에서 살펴본 바와 같이 본서명의 앞에 기재되는 서명사항에 속하는 요소라도 그 성격에 따라서 이를 관칭과 副書名으로 구분하여 처리하도록 해야 할 것이다.

관칭을 주기사항에 기술하는 경우는 이상의 규정에서 처리할 수 없을 때나, 또는 KORMARC 기술규칙에서와 같이 일정 글자수를 초과하는 긴 어귀의 경우가 이에 해당한다. 그러나 앞서의 정의에 의하면, 관칭을 주기에 옮겨 기술해야 하는 경우는 거의 생겨나지 않을 것이다. 또한 가능한한 표제지에 나타난대로 기재한다는 의미에서도 주기사항에 옮겨 기술하기보다는 그대로 기술하는 것이 바람직하다.

마지막으로 관칭을 본서명의 앞에 별도로 기술하도록 하는 방법은

---

34) 목록작성에 있어서의 근본적인 문제 가운데 하나는 규칙을 어느 정도로 상세히 하고 목록작성자에게 어느 정도의 재량을 부여할 것인가 하는 것이다. 상세한 규칙은 統一性을 기하기 위해서는 중요하겠지만, 그 적용에 있어서의 최종적인 판단은 목록작성자에게 맡겨질 수밖에 없는 것이다. 따라서 목록작성에 있어서의 모든 문제를 規則으로만 해결하고자 하는 시도는 이론적으로나 실제적으로나 불가능한 것이다.

KORMARC 기술규칙에서 채택하고 있는 것으로서, 관칭의 기술에 있어서 하나의 암시를 제공한다고 생각된다. 즉 이는 관칭의 형식적인 측면을 충분히 고려하면서도, 본서명과의 구별을 분명히 할 수 있도록 배려하고 있다는 점에서 두 가지 상황에 대하여 효과적으로 대응하고 있기 때문이다.

그러므로 이상의 결과에 비추어 볼 때, 다른 기술사항이나 부서명에 해당하지 않는 소위 狹義의 관칭은 가능한 한 이를 표제면이나 그 대용물에 나타난 대로 기술할 수 있도록 본서명의 앞에 그대로 기재하되―이는 서명을 자료에 표시되어 있는 대로 정확히 기록하도록 하는 轉記의 원칙에도 부합될 것이다―, 본서명과의 구별이 가능하도록 하여 표시하는 것이 바람직하다. 이를 위해서는 원괄호를 사용하는 것이 관칭의 不完全性에 대한 표시를 위해서도 도움이 될 것이다.35)

(2) 標目部에서의 處理

전통적인 목록에 있어서 표목이란 목록에 있어서 接近點(access Point)을 제시할 수 있도록 목록저록의 맨 앞머리에 놓여지는 명칭이나 단어, 어구로서, 서지적 기술에 대한 검색의 접근점이 되는 標出項目이다. 즉 수많은 자료 가운데 필요한 것을 입수하기 위하여 요구되는 검색요소를 제공하는 부분인 것이다. 아울러 이는 전통적인 목록에서는 목록배열의 기준이 되기도 한다.

이와 같은 표목의 선정은 목록의 기능과도 밀접한 관련을 갖는 것으로서, 일찌기 Cutter는 목록의 목적을 언급하면서 저자명과 서명, 주제를 이를 수행하기 위한 대표적인 것으로써 열거하였다. 이는 표목 및 저록요소의 표준화를 위하여 제정된 소위 파리原則(1961)에도

---

35) 이와 같은 방법은 이미 여러 논문에서 묵시적으로 제시되었고, 많은 도서관에서 실제로 사용되고 있다.(金致雨. 現行 書名基本記入의 問題點과 그 改善方案. 도협월보 15(8) (1974). p. 30.; 金致雨. 記入體와 標目의 連結方案. 한국비블리아 6 (1984). p. 14.; 尹炳泰. 韓國古書目錄의 問題點과 方向. 도서관 29(6) (1974). p. 36.; 金敏寶 編著. *op. cit.* pp. 247-248).

그대로 이어지고 있다. 특히 저자명과 서명은 그 이후 목록에 있어서 기본적인 표목의 예로서 항상 언급되어 왔다. 더구나 우리나라의 경우에 있어서는 주제명표목을 거의 사용하지 않기 때문에 검색요소로서의 서명의 가치가 더욱 중요시되어 온 것이 사실이다.

한편 ISBD의 출현 이후로는 기술부만으로도 하나의 자료에 대한 완벽한 식별이 가능하도록 해줌으로써, 서양중심의 저자명기본저록방식에 밀려 그 관심이 다소간 줄어들었던 서명의 표목으로서의 기능이 재평가를 받고 있다고 할 수 있다. 나아가 모든 표목을 等價로 하는 단위카드(unit card)방식에 있어서는 서명은 저자명과 동등한 중요성을 갖게 되는 것이다. 또한 기본표목방식을 채택하는 경우에도 최근에는 서명을 기본표목으로 하는 자료들이 점차 늘어가게 됨에 따라, 표목으로서 서명을 처리하는 데 있어서의 기준이 더욱 중요시되고 있다.

서명을 접근점으로 할 경우는 원칙적으로는 자료에 표시되어 있는 것을 그대로 사용하기 때문에, 統一書名을 제외하고는 통제되지 않은 형식으로 사용된다. 앞서 살펴본 바와 같이, 관칭은 서명의 일부이다. 따라서 관칭이 포함된 서명을 표목으로 선정하여 처리하는 경우에 있어서는 이 관칭의 취급이 중요한 의미를 갖게 되는 것이다. 또한 전통적인 목록배열에 있어서는 이 관칭의 포함여부에 따라 그 배열위치가 달라질 수 있으므로 더욱 중요하게 된다.

파리原則에서는 목록의 구조에 관한 절에서 어떤 도서에 관련된 둘 이상의 저록을 작성해야 하는 경우의 한 예로서 그 도서가 다양한 서명으로 알려진 저작을 포함하고 있는 경우를 들고 있다.36) 그러나 이는 서로 다른 서명 아래에 다양한 판으로 발행된 저작을 말하는 것인지, 몇 개의 동일하지 않은 서명을 포함하고 있거나 그 기

---

36) Eva Verona. *Statement of principles adopted at the International Conference on Cataloguing Principles, Paris, October, 1961*. annotated ed. London, IFLA Committee on Cataloguing, 1971. p. 14.

본서명의 구별이 가능한 일부로서도 알려져 있는 도서를 말하는 것인지, 아니면 그 저작이 발행된 서명과는 다른 引用書名에 의해 일반적으로 알려져 있는 저작을 가리키는 분명치 않다.37)

또한 저록의 機能에 관한 절에서 서명을 표목으로 하여 저록이 작성되는 저작의 기본저록은 그 도서에 인쇄된 그대로의 서명을 표목으로 하고, 통일서명을 부출표목으로 하여 부출저록을 작성하거나, 또는 통일서명을 표목으로 하고 다른 서명을 부출표목으로 하여 부출저록을 작성하거나 參照를 작성하도록 하고 있다(ICCP 6.1). 이어서 서명이 중요한 식별수단이 되는 경우에는 저자명을 표목으로 하여 기본저록이 작성된 저작의 서명을 부출표목으로 하여 부출저록(적절한 경우에는 참조)을 작성자도록 하고 있다(ICCP 6.4).

그리고 이어서 서명을 표목으로 하여 저록이 작성되는 저작에 관한 절에서는 서명을 부출표목으로 하여 반드시 부출저록이나 참조를 작성해야 하는 경우로서 서명이 중요한 식별수단이 되는 경우에 저자명을 표목으로 하여 기본저록이 작성되는 저작(ICCP 11.22)과, 단체명을 표목으로 하여 기본저록이 작성되지만 단체명을 포함시키지 않는 識別書名(distinctive title)을 갖게 되는 저작(ICCP 11.23)을 들고 있다.

한편 AACR2에서도 부출저록에 관한 항목에서 인명표목이나 단체명표목, 동일서명을 표목으로 하여 저록이 작성된 저작에 대해서는 모두 본서명을 부출표목으로 하여 부출저록을 작성하도록 하고, 그밖의 서명(표지서명, 見出書名, 欄外書名 등)에 대해서는 그것이 본서명과 크게 다른 경우에 부출저록을 작성하도록 하고 있다(AACR2 21.30J). 이는 1988년의 AACR2R 에서도 동일하다(AACR2R. 21.30J1).

이상의 조항들은 모두 서명을 기본표목이나 부출표목으로 선정할 경우에 대한 것들로서, 특히 副出標目으로 선정할 때 관칭의 처리에

---

37) *Loc. cit.*

대한 암시를 제공해주는 것들이다.

다음으로 동양의 편목규칙을 살펴보면, 우선 KCR3는 현재 기술과 표목올림지시편만이 발행되어 있으므로 표목에 대한 구체적인 규정은 포함되어 있지 않다. 다만 표목올림지시의 총칙에 서명저록(서명기입)에 대한 부분적 언급이 보일 뿐이다. KORMARC 기술규칙 역시 기술부만을 규정한 것이므로 표목에 대한 규정은 마련되어 있지 않다. 그러나 '본서명 앞의 문구'에 대한 절에서 관칭이나 관제를 포함시켜 표목으로 삼을 것인지의 결정은 편목자의 재량이지만, 검색의 완벽함을 기하기 위하여 이들이 포함된 서명과 포함되지 않은 서명을 모두 부출할 필요가 있음을 지적하고 있다(KORMARC 1.1 라1).

한편 NCR 1987에서도 제Ⅱ부 표목에서 그 종류를 서명(타이틀)표목, 저자표목, 주제명표목, 분류표목 등으로 구분하고, 제22장에는 서명표목에 관한 장을 별도로 마련하고 있다. 이어서 표목의 선정방법에 관한 절에서는 표목으로 해야 할 서명의 종류로서 본서명, 종합서명이 표시되지 않은 자료의 개개저작의 서명, 대등서명 등을 들고, 계속하여 필요에 따라 표목으로 해야 할 서명 가운데 하나로서 서명중의 수식어 또는 수식부를 제외한 部分書名(partial title)을 들고 있다. 이는 이미 기술부에서 살펴본 바와 같이, 서명중의 수식어 또는 수식부가 바로 관칭을 의미하는 것이므로, 관칭을 제외한 서명을 부출저록의 표목으로 사용하도록 규정한 것으로 해석될 수 있을 것이다.

CCR에서는 본서명의 앞머리에 '欽定' … 등의 글자가 있는 것은 원래서명의 글자에 따라 저록을 작성하고, 아울러 이러한 글자의 서명을 생략하여 별도로 부출저록을 작성하거나 통일서명(劃一題名)을 별도로 정하도록 규정하고 있다(CCR 1.1.1.7). 한편 표목에 대한 부분에서도 검색표목을 작성할 수 있는 서명의 하나로서 '흠정', '어비', '증보' 등의 글자 다음의 서명을 들고, 별도로 참조카드를 작성할 수도 있다고 규정하고 있다(CCR 21.1.1.1).

결과적으로 NCR 1987과 CCR에서는 관칭을 본서명에 포함시켜 기술한 경우에 있어서는, 이를 제외한 나머지의 부븐서명만을 표목으로 해서도 부출저록을 작성하도록 규정하고 있는 것이다.

이상의 결과를 종합해 보면, 인명표목이나 단체명표목, 통일서명을 표목으로 하여 기본저록이 작성되는 경우에는 관칭을 포함시킨 서명과 관칭을 제외시킨 部分書名을 각각 표목으로 하여 부출저록을 작성해야 함은 분명해진다. 이 경우는 두 표목이 모두 부출표목이 되기 때문에 그 구분이 별다른 의미를 갖지 않게 된다.

그러나 서명을 기본표목으로 하여 기본저록이 작성되는 경우에 있어서는 이상의 두 표목 가운데 어느 하나를 基本標目으로 선정해야만 하므로, 그 의미가 달라지게 된다. 이에 대해서는 파리원칙이나 AACR2는 물론 동양의 어느 편목규칙도 이를 구체적으로 지시하지 않고 있다. 다만 기술부에서 살펴본 바와 같이, 그리고 앞서의 규정예서와 같이, 관칭을 본서명에 포함시켜 기술하는 경우에는 이를 기본표목으로 하고, 관칭을 제외시킨 부분서명을 부출하도록 하고 있다.

그러나 관칭은 본서명과 밀접한 관계를 갖기는 한다. 그러나 앞서 이를 본시명과는 구별되는 별개의 성격을 갖는 여타서명정보로 간주하여, 본서명의 앞에 괄호로 묶어서 별도로 기술하도록 한 것은 관칭을 포함시킨 전체서명보다는 관칭을 제외시킨 서명만을 본서명으로 취급하도록 한 것이다. 따라서 서명을 기본표목으로 하여 기본저록을 작성할 경우에는 관칭을 제외시킨 서명을 기본표목으로 하여 기본저록을 작성하는 것이 논리적으로 타당할 것이다. 이는 또한 主題名標目을 거의 사용하지 않고 있는 한국의 상황에 있어서는 검색을 위해서 더욱 도움이 될 것이다.38) 아울러 이때에는 관칭을 포함시킨 서명을 부출표목으로 하는 부출저록이 작성되어야 한다. 다만 서지적 기술과 표목부의 독립성을 고려하여, 별법으로서 관칭을 포

---

38) 이는 서명의 식별에 있어서 관칭의 역할에 관한 연구에서도 입증되고 있다 (金抱玉. *op. cit.* pp. 27-32).

함한 서명을 기본표목으로 하고 이를 제외시킨 서명을 부출표목으로 할 수도 있을 것이다.

요약하면 관칭이 포함된 서명에 대하여 기본저록을 작성할 경우에는, 관칭을 제외시킨 서명을 기본표목으로 하여 기본저록을 작성하고 이를 포함시킨 서명을 부출표목으로 하여 부출저록을 작성하거나, 또는 별법으로 관칭을 포함시킨 서명을 기본표목으로 하여 기본저록을 작성하고 이를 제외시킨 서명을 부출표목으로 하여 부출저록을 작성할 수도 있을 것이다. 또한 관칭이 포함된 서명에 대하여 부출저록을 작성할 경우에는, 관칭을 포함시킨 서명과 이를 제외시킨 서명을 각각 부출저록을 작성해야 할 것이다.

다음으로는 이러한 규칙들이 자동화된 상황에서는 어떻게 적용되는지 MARC에 있어서의 처리방법을 살펴보고자 한다.

(3) MARC 포맷에서의 處理

MARC 자체가 전통적인 목록을 자동화한 것이므로 기존의 편목규칙을 적용하게 됨은 지극히 당연할 것이다. 따라서 그 편목규칙을 바탕으로 작성된 MARC 포맷에 있어서도 지금까지 살펴본 문제점이 그대로 나타나게 된다. 그리하여 본절에서는 MARC 포맷에 있어서의 관칭의 처리방법에 대하여 고찰해 보고자 한다.

가. 記述部에서의 處理

먼저 기술부에 있어서의 관칭의 처리방법을 살펴보면, MARC 포맷에 있어서 기술부는 전통적인 목록의 서지적 기술에 해당하는 부분이다. 이 가운데 관칭과 관련된 것은 서명저자표시필드이다.

우선 UNIMARC의 서명저자표시필드(200)에서 관칭과 가장 밀접한 것으로는 $e 여타서명정보라는 서브필드가 마련되어 있을 뿐이다. 따라서 이론상으로는 ISBD에 준거하도록 하고 있는 UNIMARC의 경우에 있어서는 관칭을 $e에 표시하도록 해야 할 것이다. 또한

USMARC에 있어서도 서명표시필드(245)에 용어만이 나머지서명 (remainder of title)으로 표시되어 있을 뿐, UNIMARC와 동일하게 처리하고 있다. USMARC에서는 아울러 나머지서명에 대한 설명에 서 AARC2 이전의 레코드에 있어서는 대등서명도 이에 해당홈을 밝히고 있다.

한편 동양의 MARC에 있어서는 KORMARC의 245 필드, JAPAN MARC의 251-259 필드, CHINESE MARC의 200 필드가 여기에 해당되 는데, 각 MARC별로 서명관련데이터요소를 대비해 보면 표 4-1과 같다.

[표 4-1] 포맷별 기술부 서명관련 데이터요소

구분	KORMARC		CHINESE MARC		JAPAN MARC	
	식별자	데이타요소	식별자	데이타요소	식별자	데이타요소
서	$a	본서명	$a	본서명	$A	서명
명	$b	부서명	$c	다른저자에 의한	$B	부서명
저	$c	잡제		본서명		
자	$x	대등서명	$d	대등서명		
표	$z	대등서명의 언어	$e	부서명 및 잡제		
시	$f	저작사항과 직접	$z	대등서명의 언어		
사		상관이 없는 문구	$r	서명의 로마자음		
항	$h	각권의 서명/내용				

우선 KORMARC에서는 서명에 관련된 데이터요소로서 본서명, 부 서명, 잡제, 대등서명의 언어 등을 포함하고 있다. 그리고 제1지시자도 는 0-부출되지 않는 서명(서명이 기본기입인 경우임), 1-부출되는 서 명, 2-관칭을 포함허서 부출되는 서명을 구분하여 지시하도록 하고, 제2지시자로는 0-9로 서명의 첫머리에서 제외되는 문자수를 지시하도 록 하고 있다. 그리고 이어서 관칭의 처리에 대한 설명을 통하여 관칭 은 원칙적으로 괄호에 묶어서 본서명과 같은 서브필드어 입력하도록 하고, 목록기술상 서명의 관칭으로서 기술되어 있으나 배열상 무시되

는 것은 목록에 기술되어 있는 대로 표시하되 제2지시자에서는 삭제되는 문자수를 표시하도록 하고 있다. 서명의 冠稱은 9자 이내인 경우로 하고 10자 이상인 경우에는 冠題로 하며, 서명의 관제는 표시자 500 일반주기에 '관제'라는 표출어를 앞세워 표시한다.39)

또한 관칭이 포함된 서명도 부출할 필요가 있을 경우는 제1지시자에서 2를 표시하고 제2지시자에서는 삭제자수를 표시하게 된다. 따라서 관칭을 포함한 서명이 한번 부출되고 관칭을 제외한 서명이 다시 부출되는 것이다.

이는 관칭의 기술요소로서의 불완전성과 본서명과의 밀접한 관계를 고려하는 동시에 검색 및 배열에 있어서의 문제점을 보완하고자 하는 시도로서 KORMARC 기술규칙의 기준을 그대로 반영한 것이다.

한편 JAPAN MARC에는 서명과 관련된 데이터요소로서 서명과 부서명만이 포함되어 있다. 그러나 관칭의 처리에 대한 구체적인 지시는 보이지 않는다.

CHINESE MARC에는 서명과 관련된 데이터요소로서 본서명, 다른 저자에 의한 본서명, 대등서명, 부서명 및 잡제, 대등서명의 언어, 서명의 로마字音 등이 포함되어 있다. CHINESE MARC에서 포맷상에 관칭에 대한 기술부에서의 별도의 배려가 나타나지 않는 것은 준거하고 있는 CCR에서 본서명에 포함시켜 기술해야 할 어구들만을 지정하고 있기 때문일 것이다.

이상에서 볼 때, 포맷의 형식만을 고려하면 기술부에 있어서의 관칭의 처리를 위한 배려는 어느 포맷에도 되어 있지 않다. 다만 KORMARC에서는 본서명의 앞에 괄호로 묶어서(관칭) 또는 주기사항에 표출어를 앞세워(관제) 기술하도록 하고 있고, CHINESE MARC에서는 특정의 어구에 한하여 본서명에 이를 포함시켜 기술하도록 하고 있다. 그러나 東洋資料에 있어서 관칭이 차지하는 비중을

---

39) 관칭과 관제에 관한 KORMARC에서의 구분은 본장 A절 참조.

고려한다면, 포맷 내에서 이를 별도로 처리할 수 있도록 배려해야 한다.40)

나. 檢索部에서의 處理

다음으로 검색쿠에 대하여 살펴보면, UNIMARC나 USMARC게 있어서는 기술부의 서명이 그대로 검색요소로서 사용될 수 있기 재문에 기술요소와 검색요소가 동일한 경우에는 별도의 필드를 필요로 하지 않는다. 다만 USMARC에서는 740 부출표목의 필드에서 본서명과 다른 형식으로서 그 저작의 통일서명에 해당하지 않는 서명의 형식을 표시할 수 있도록 하고 있다. 이때 제1지시자는 배열에 있어서 무시되어야 할 서명의 앞부분의 문자수를 지시하게 된다. 따라서 UNMARC의 740 필드에는 관칭을 포함시킨 서명 또는 이를 제외시킨 서명을 별도로 부출시킬 수 있을 것이다. 아울러 UNIMARC에 있어서도 관련서명블록의 기타변형서명필드(517)에서 이를 처리할 수 있을 것이다.

한편 KORMARC에서는 본서명을 그대로 부출할 경우에는 245 필드의 제1지시자로 부출여부를 표시하고 프로그램에 의해 自動副出 되도록 한다. 이때 관칭이 포함된 경우에는 관칭을 포함한 서명이 한번 부출되고 이를 제외시킨 서명이 다시한번 부출된다. 한편 서명이 본서명과 다르게 부출될 경우에는 USMARC와 마찬가지로 740 필드에 별도로 부출시킨다.

JAPAN MARC의 경우에 있어서는, 검색부의 데이터요소는 앞서 살펴본 바와 같이, 기술부 데이터요소에 대한 가다가나형과 로마자형, 한자형의 讀音을 각각 표시하도록 하고 있기 때문에, 서명의 독음은 551-559 필드에 표시된다. 그러나 관칭의 처리에 대한 구체적

---

40) 이는 KORMARC의 100 기본표목—개인명의 필드에서 동양자료의 특성을 반영할 수 있도록 $f 歷朝, $g 한국 및 중국의 世系 등의 서브필드를 설정한 것과 같은 맥락에서 정당화될 수 있을 것이다.

인 지시는 보이지 않는다. 따라서 이 포맷에는 관칭을 가진 서명은 관칭을 포함시킨 것과 이를 제외시킨 것을 이들 필드에서 각각 별도로 처리할 수 있도록 하는 구체적인 규정이 추가되어야 할 것이다.

한편 CHINESE MARC의 경우에 있어서는, 기술부의 서명이 그대로 검색요소가 될 수 있으므로, 검색요소로서의 서명에 대한 별도의 처리는 하지 않고 있다. 다만 200 필드에 서명의 로마字音 서브필드($r)를 별도로 설정하고 있다. 한편 이 포맷에서는 '欽定', '御批', '重修' 등의 어구, 즉 관칭을 제외시킨 서명이 검색요소로서 사용될 경우에는 이를 기타변형서명필드(517)에서 별도로 부출하도록 지시하고 있다.

이상에서 볼 때 결과적으로 검색부에 있어서도 기술부와 마찬가지로 어느 포맷에서도 형식적인 측면에서는 관칭을 처리하기 위한 배려를 하고 있지 않음을 알 수 있다. 다만 USMARC와 KORMARC의 740 필드와, UNIMARC와 CHINESE MARC의 517 필드, JAPAN MARC의 551-559 필드의 어느 하나에 관칭을 포함시키거나 제외시킨 서명을 검색요소로서 표시할 수 있을 것이다. 따라서 검색부에 있어서도 관련서명의 필드에 관칭의 처리를 위한 서브필드의 설정을 고려해야할 것이다.41)

결과적으로 본서명의 앞이나 위에 기재되는 어구로 일반적으로 정의되고 있는 관칭의 처리문제는 동양자료의 처리에 있어서는 하나의 중요한 요소가 됨을 알 수 있다. 따라서 그에 대한 분명한 정의와 함께 MARC 포맷에서 이를 수용하도록 하는 조치가 필요할 것이다. 이를 위하여 기술부에서는 포맷 내에서 이를 별도로 처리할 수 있도록 배려해야 하고, 검색부에서는 관칭을 포함한 서명과 관칭을 제외시킨 서명이 모두 검색의 접근점으로 사용될 수 있도록 구체적으로 명시하는 것이 필요할 것이다.

---

41) 小田泰正 等. JAPAN/MARCの利用システムとその問題點. 圖書館界 34(4) (1983. 1). p. 313.

B. MARC 포맷과 表記法

한국과 일본에 있어서는 모두 한자로 된 서지정보를 효율적으로 검색하고, 그 배열을 용이하게 하기 위해서 漢字로 표기되어 있거나 한자를 포함하고 있는 서지정보는 한국의 경우에 있어서는 한글이나 로마자, 일본에 있어서는 가나(假名)나 로마자로 독음을 부여하게 된 다. 그러나 이러한 讀音 또는 표기법의 문제를 처리하기 위하여 동 양삼국의 MARC 포맷에서는 각기 서로 다른 방법을 사용하고 있는 것이다. 특히 JAPAN MARC의 경우는 이와 같은 표기법의 처리를 위한 포맷의 수정으로 인하여 준거하고 있는 UNIMARC와 호환성 을 상실할 정도로 포맷이 변형되었다는 지적을 받고 있다.42) 따라서 이러한 한자를 포함하고 있는 데이터요소의 표기문제는 한자의 코드 화 문제와 더불어 한자권 국가의 MARC 포맷에 있어서는 반드시 해결해야 하는 중요한 문제 가운데 아니라 할 수 있다.43) 한편 USMARC와 UNIMARC에서도 최근의 개선을 통하여 서로 다른 문 자를 포맷에서 처리할 수 있도록 배려하고 있다.

그리하여 본절에서는 우선 포맷설계의 기본이 되는 편목규칙에 있 어서의 표기법의 처리방법을 동양삼국의 편목규칙을 중심으로 검토 한 후, 실제로 MARC 포맷에서는 이들 규칙이 어떻게 반영되고 있 으며, 포맷에는 어떠한 영향을 미치고 있는지를 각국의 대표적인 MARC 포맷을 중심으로 살펴보고자 한다. 아울러 이와 관련하여 UNIMARC와 USMARC의 異文字 처리에 대한 고찰도 함께 이루어 질 것이다. 그러나 본고에서는 각 포맷에서 사용하는 문자세트나, 표

---

42) 上田修一, 長島敏樹. JAPAN MARCとUNIMARCとの互換性およびタイムラ
グ. *Library and information science* 20 (1982). p. 120.

43) Jeong Pil-Mo and Oh Dong-Geun. On the influence of pronunciation
and scripts on the East-Asian MARC formats. *International cataloguing
and bibliographic control 20(4) (Oct/Dec. 1991). (inpublication).*

기업 자체에 있어서의 구체적인 문제에 대한 구체적인 검토는 이루어지지 않을 것이다.

1. 編目規則에 있어서 表記法의 處理

목록은 도서관에 소장되어 있는 자료나 문헌의 요점을 기록하여 이를 효과적으로 검색하여 이용할 수 있도록 하기 위한 도구이다. 이러한 목록은 크게 어떤 자료나 문헌을 찾아낼 수 있도록 하는 실마리가 되는 동시에 전통적인 목록의 경우 배열의 눈금이 되는 檢索要素로서의 표목과, 그 자료나 문헌을 다른 것과 구별해주는 識別要素인 서지적 기술사항, 그리고 그것이 소장된 위치를 지시해 주는 請求記號의 세부분으로 이루어진다.

이 가운데 표기법 또는 독음과 직접적으로 관련되는 것은 바로 검색부인 標目이다. 즉 서지적 기술사항에서는 서자서명사항과, 판차사항, 발행사항, 시리즈사항 등의 정보를 원칙적으로 출판물에서 취하여 그 출판물에 나타나 있는 언어와 문자로 표시하도록 하는 ISBD의 소위 轉記의 原則(principle of transcription)44)에서도 볼 수 있는 바와 같이, 각 자료나 문헌에 표시되어 있는 대로의 표기법을 사용하게 된다.

또한 분류기호와 문헌기호(도서기호)로 구성되는 청구기호는 별도의 기호로서 이루어지기 때문에 표기법과는 거리가 멀다. 따라서 본 절에서는 표목과 표목의 선정을 지시해주는 標目指示事項(tracing)만을 대상으로 하여 검토하고자 한다. 우선 한국의 편목규칙을 살펴보면, 朴奉石이 편찬한 東書編目規則45)에서는 표목의 형식에 있어서의 표기법에 대한 배려는 찾아볼 수 없다. 다만 목록카드의 배열을 위

---

44) IFLA. *ISBD. op. cit.*
45) 朴奉石. *op. cit.*

한 규정에서 표기법에 관련된 항목이 나타나고 있을 뿐이다. 즉 규칙의 제10장 書票排列法의 제1절 통칙 201에 '서표이 그 표목의 배열칭호의 발음을 국문(한글)으로 표기하여, 이 표기로써 배열순서를 결정함. 표기는 제3자까지만 기입하고 이하는 생략함'이라 규정하고 있다. 부록에 실린 예(그림 4-1 참조)를 통하여 보면 모든 목록카드에는 청구기호의 상단에 표목의 첫세글자를 한글로 표기하도록 하고 있음을 알 수 있다.

[그림 4-1] 동서편목규칙의 예

조선사	朝	鮮史
211 25		權 悳 奎 著 　서울 正音社 4278 2版 　1冊 洋裝 小 240頁 原名, 朝鮮留記

이것은 한자로 되어 있거나 한자를 포함하고 있는 서지정보의 경우 標目 자체의 형식은 도서에 기재되어 있는 대로의 형식을 취하되, 다만 排列상의 편리성을 위하여 한글표기를 별도르 추가하도록 하고 있음을 보여주는 것이다. 따라서 표기법이 배열은 물론 검색의 기준이 되는 표목의 형식에 있어서 중요한 문제가 된다는 사실을 아직 인식하지 못하고 있다고 할 수 있을 것이다.

그러나 韓國目錄規則 初版에 이르러서는 이 문제를 중요하게 다루고 있다. 즉 편목규칙의 제정에 있어서 편목규칙 전체를 통하여 하나의 표준으로서 사용하기 위해 설정된 결의사항의 첫 번째로서 '표목의 형식은 한글로만 한다'[46]는 규정을 채택하였던 것이다. 이는 한국목록에 있어서 하나의 크나큰 전진이요 일대혁신이라는 평가[47)

---

46) 韓國圖書館協會 編. 韓國目錄規則. *op. cit*. p. ⅲ.
47) 張一世. 韓國目錄規則解說. 서울, 韓國圖書館協會, 1981. p. 82.

를 받을 만큼 큰 의미를 갖는 것이라 알 수 있을 것이다. 즉 모든 표목은 그 카드의 排列의 기준이 되는 것이므로 표목이 한글로 되어 있지 않은 경우는 결국 한글로 표기한 후에 배열해야 하기 때문에, 표목을 한글로 한정시킨 것은 목록조직을 간편하게 할 뿐만 아니라 사무능률을 높이는 데 도움을 주는 동시에 목록카드의 스페이스 절약에도 도움을 준다는 것이다.48)

결국 한국목록규칙 初版에서의 표목의 한글표기는 목록배열의 합리화를 위한 하나의 시도였음을 알 수 있다. 그러나 이와 같이 표목의 형식을 한글로만 표기하도록 하는 원칙은 한자로 표기된 데이터요소와 한글로 표기된 데이터요소를 서로 다른 데이터요소로서 인식한 진일보한 견해임에는 틀임이 없는 것이다. 그러나 실제의 적용상의 예에서는 이와 같은 원칙이 아직 충분히 소화되지 못하고 있음을 볼 수 있다. 즉 부출저시에 관한 通則에서는 '그 도서의 서명 그대로 부출기입을 하지 않았을 경우에는 부출지시에 '서명'이라 표시하고 선정된 서명형식을 부기하도록 하고 그 예에서는 'Ⅰ. 서명: 農業 핸드북'으로 한자표기를 그대로 사용하고 있어 앞서의 원칙과 일치하지 않고 있다. 나아가 修正版에서는 '각 부출기입은 목록에서 사용하는 표목 형식대로 표시한다. 그러나 그 도서의 서명 그대로 부출할 경우에는 부출지시에는 단지 '서명'이라고만 기입한다'49)고 규정하고 그 예(그림 4-2 참조)에서는 기술부에 한자로 표기된 서명을 '서명'이라는 부출지시만으로 대신하고 있다.

---

48) *Loc. cit.*
49) 韓國圖書館協會 編. 韓國目錄規則. 修正版. *op. cit.* p. 92.

[그림 4-2] 한국목록규칙 수정판의 예

박 종 홍

一般論理學, 朴鍾鴻 著 서울
白映社, 단기 4258(1952)
195p 21cm (論理學 第1卷)

1. 논리학. Ⅰ. 서명(총서명)

　결과적으로 두 규칙에서는 모두 앞서의 '한글표목'이라는 기본원칙에도 불구하고 적어도 표목지시사항에 있어서는 아직 한글데이터와 한자데이터를 동일한 것으로 취급하고 있는 것이다.50) 이것은 表一文字만을 사용하는 歐美의 각종 편목규칙의 방법을 아직 우리 실정에 맞게 충분히 소화하지 못하고 그대로 받아들인 결과51)라고도 할 수 있을 것이다.

　또한 이러한 한글표기의 원칙은 동양서과 서양서 전체에 걸친 한글표목에 의한 목록의 일원화 보다는 동양자료에 국한된 것임을 同 목록규칙에 제시된 실예를 통하여 알 수 있다. 결과적으로 이 규칙을 따를 경우는 동양서의 경우는 한글표목으로, 서양서의 경우는 로마자표목으로 편성되는 이원목록의 방식이 되는 것이다. 따라서 동양서와 서양서를 통합하는 하나의 시스템으로서의 목록일원화를 전제로 한 이에 대한 비판은 어느 의미에서는 지극히 당연한 것이라 할 수 있을 것이다. 그 한 시도로서 제기된 것으로 로마자표기에 의한 一元目錄制의 주장을 들 수 있다. 이것은 목록의 이원적 편성을 막기 위하여 동양서의 경우까지도 모국어의 음을 로마자로 표기하여

---

50) 한편 한국목록규칙해설에서는 '서명을 기본기입으로 할 경우 그 서명이 漢字로 표기되어 있을 때는 그 위에 한글로 표기한 후 배열해야 한다'고 설명하고 있다.(張一世 *op. cit.* p. 135).

51) 金致雨. 記入體와 標目의 連結方案. 한국비블리아 6 (1984). p. 173.

하나의 통합된 목록체제를 유지하자는 것이다. 실제로 이와 같은 주장은 편목관례에도 그대로 반영되어 서울대학교 중앙도서관의 경우 1985년까지 동양서의 경우도 모두 로마자로 번자한 飜字標目을 사용하였다.52)

한편 한국목록규칙 3판(KCR3)은 현재 記述 및 標급올림指示篇만이 발행되어 있으므로, 표목부에 있어서의 표기법의 처리에 대한 규정은 구체적으로 살펴볼 수가 없다. 즉 표목올림지시의 표목올림지시어의 문자와 형식(KCR3, 2.3) 항목에서도 '표목올림지시에 쓰이는 문자와 형식은 표목편에서 규정한 표목의 그것과 똑같이 취한다'라고만 지시하고 있는 것이다. 그러나 표목올림지시에 대한 실례(그림 4-3 참조)를 보면, 기술부에 漢字로 표기되어 있는 저자명이나 총서명에 대해서는 표목올림지시에서 그 전체어구를 각각 그에 해당하는 한글로 바꾸어 표시하고 있고. 기술부에 한글로 표기되어 있는 데이터요소에 대해서만 이를 각각 '저자', '총서명' 등의 一般語로 기재하고 있다.53)

---

52) 본고는 표목의 표기문자의 구체적인 예를 살펴보기 위한 것이 아니므로, 목록의 일원화문제나 로마자표기법 등에 대해서는 상세한 고찰을 줄이기로 한다. 이에 대한 포괄적인 검토는 高錫俊. 圖書館目錄에 있어서 標目의 表記에 관하여. 國立大學圖書館報 4 (1986). pp.101-155. 참조.

53) KCR3에서는 '서명기입으로서 올려지는 서명표목의 문자와 형식, 띄어쓰기 외에는 기술부의 첫머리 서명의 그것과 완전히 일치할 경우에는 서지기술 유니트카드를 그냥 서명기입으로 삼고, 서명기입을 위한 서명표목의 올림지시는 생략'(KCR3 2.1)하도록 하고 있다.

[그림 4-3] 한국목록규칙 3판 표목올림지시의 예

廣州方言硏究 / 高華年. － 香港:
商務印書局, 1980. － iv, 4, 383p.,
20cm. － ISBN 962-07-4003-3:
HK 16.00

1. 광주방언연구. 2. 고화년. 3) 728

　결국 KCR3에서는 초판과 수정판에서 완전기 해결치 못했던 '한글표목'의 원칙을 최소한 표목올림지시에서는 충분히 해결하고 있음을 보고 주고 있는 것이다. 즉 한글데이터와 한자데이터는 이제 완전히 다른 데이터로서 인식되어 다루어지고 있는 것이다. 이는 歐美의 편목규칙을 완전히 소화시킨 소치54)라는 평가를 받고 있는 것과 같이, 표목부를 기술부와는 독립적으로 처리할 수 있도록 하고 있는 것이다.

　한편 자동화된 상황에서의 적용을 위하여 작성된 한국문헌자동화목록기술규칙(KORMARC 기술규칙)에서는 이 규칙 자체가 목록의 기술만을 위한 규칙으로서 제정된 것이므로, 표목부에 있어서의 표기법에 대한 구체적인 규정은 마련하지 않고 있다. 다만 부록으로서 外國人名表記의 원칙이 수록되어 있을 뿐이다.

　이 원칙에는 일본인명과, 중국인명, 서양인명의 표기방법이 각각의 경우에 따라 제시되고 있다. 일본인명과 중국인명은 그것이 한자로만 기재된 경우에는 한자를 우리음으로 읽어 표목으로 삼도록 하고, 한자와 가나, 한자와 가나의 우리음, 중국어의 우리음이 함께 기재된 경우에는 한자를 우리음으로 읽어 표목으로 삼고, 나머지는 부출하도록 하고 있다. 다만 로마자의 경우는 이를 그대로 표목에 사용하도록 하고 있다. 서양인명의 경우도 로마자로만 기재된 경우를 제외하고는 모두 한글을 표목으로 사용하도록 하고 있다.

---

54) 金致雨. *op. cit.* p. 173.

　　결과적으로 표기법의 측면에서 볼 때 KORMARC 기술규칙의 경우도 KCR3의 예와 다름없이 한글표목과 로마자표목의 二元目錄의 원칙을 기본으로 전제하고 있음을 알 수 있다.

　　다음으로 日本의 편목규칙의 예를 보면 이와 같은 표기법의 문제는 한국에만 국한된 것이 아니며, 일본에서도 그 처리에 있어서 상당한 딜레마를 겪고 있음을 여실히 볼 수 있다.

　　일본에 있어서 戰後 최초의 표준편목규칙이라 할 수 있는 소위 和漢書 취급을 위주로 한 일본목록규칙 1952년판에서는 이에 대한 구체적인 규정을 찾아볼 수 없다. 그러나 이를 포괄적으로 개정하여 소위 화한서 및 양서 공용의 편목규칙을 지향하여 간행된 일본목록규칙 1965년판에서는 하나의 절을 설정하여 이 문제를 구체적으로 다루고 있다. 즉 제1장 총칙의 제5절 標目의 讀音의 형에서는 '표목이 가나(假名) 또는 로마자 이외의 문자로 기재되어 있을 때는 기입의 배열 및 검색의 실마리를 위하여, 가나 또는 로마자에 의하여 그 독음의 형을 표기하거나, 또는 로마자로 번자한 형을 표기한다'55)고 규정하고 있다. 그리고 이어서 기입을 50음순으로 배열할 때는, 가나 이외의 문자로 기재된 표목은 모두 가나에 의해 표목의 독음의 형을 표기하고, 기입을 알파벳순으로 배열할 때는 로마자 이외의 문자로 기재된 표목은 문자가 한자 및 가나로 되어 있으면 모두 로마자에 의해 그 독음의 형을 표기하고, 로마자 이외의 알파벳으로 되어 있으면 모두 로마자의 알파벳으로 飜字한 형을 표기하도록 구체적으로 규정하고 있다. 이 규정은 글자 그대로 가나나 로마자 이외의 문자─결국 동양서의 경우는 漢字나 한글이 그 주대상이 될 것이다─로 기재된 표목에 대하여 그에 대한 독음을 해당표목의 위에 추가로 기재하도록 지시하고 있는 것이다. 이 때 사용하는 문자로는 가나(부록에 수록된 목록카드의 실예(그림 4-4 가나형 참조)용 보면

---

55) 日本圖書館協會 目錄委員會 編. 日本目錄規則. 1965年版. *op. cit*. p. 25.

가다가나) 또는 로마자를 그 도서관의 실정에 따라 선택할 수 있도록 규정하고 있는 것이다. 1965년판이 동양서와 서양서 共用의 편목규칙으로 제정된 것이란 점에서 볼 때 이와 같은 규정은 불가피하였던 것으로도 볼 수 있을 것이다.

[그림 4-4] 일본목록규칙 1965년판의 예

コウズ, ハルシゲ
高津 春繁
　古代文字解讀 高津春繁 關根正雄 著
　東京 岩波書店 昭和39(1964)
　v, 302, 17p 地圖 19cm

1. セキネ, マサオ 2. コダイ モジノ …

[가나표기]

Terada, Torahike
　寺田 寅諺
　　數柑子集 吉村冬彦 著 東京 岩波書店
　大正12(1923)
　284p 圖 20cm

1. Yabukojishu

[로마자표기]

그러나 1977년에 ISBD의 규정을 수용하여 개정한 일본목록규칙 新版子備版에서는 표목의 형은 표목지시에 따르도록 규정하고, 이어서 표목지시에 있어서의 표목의 표시방법에 대한 절에서 이를 상세히 규정하고 있다. 그 가운데 표기법과 직접적으로 관련되는 부분만을 살펴보면, 서명표목과 저자표목의 경우는 원칙적으로 이를 가다가나로 표기하고, 주제명표목의 경우는 원칙적으로 주제명표목표에 수록되어 있는 해당표목에서 사용하고 있는 문자로 기재하도록 하고 있다. 이때 인명과 단체명, 지명, 특정도서의 서명 등의 고유명은 그 고유의 문자로 기재하고, 그 讀音을 가다가나로 표기한 것을 원괄호로 묶어 부기하도록 하고 있다.56) 아울러 표목의 기재방법은 서명표목과 저자표목은 표목지시에 지시된 대로 기재하고, 주제명표목은 이를 가다가나로 표기하고 그 해당한자 등은 원괄호로 묶어 기재하도록 하고 있다(NCR 1977, 3. 5).

결과적으로 이 신판 예비판의 이와 같은 규정은 1965년판과 비교하여 두 가지 점에서 분명한 변화를 보여주고 있다. 그 첫 번째는 1965년판이 소위 가나나 로마자 이외의 문자로 기재된 표목에 대하여 '독음'을 표기하도록 한 데 대하여, 신판 예비판에서는 독음이 아닌 標目 自體로서 이를 표기하도록 했다는 점이다. 이것은 1974년의 ISBD의 재정과 더불어 기술부만으로도 완전한 서지정보를 갖출 수 있도록 하고자 하는 원칙이 도입됨으로써, 기술과 표목이 각각 별도의 독립된 요소로서의 성격을 갖게 되는 소위 記述유니트카드 방식을 신판 예비판에서 채택하고 있는 것이 그 이유일 것이다. 즉 '도서의 기술을 표목과는 무관하게 완결시키고, 필요한 표목을 지시하고, 그 목록카드를 복제하여, 지시된 각종의 표목 아래에 각종의 목록을 편성'57)하도록 하고 있는 것이다.

다른 또하나의 변화는 1965년판이 독음으로서 가다가나나 로마자의 표기를 도서관에 따라 선택적으로 사용할 수 있도록 하고 있음에 비하여, 신판 예비판에서는 표목의 표기에 사용하는 문자를 가다가나로 한정시키고 있다는 점이다. 이것은 이 규칙의 저변에 동양서와 서양서의 二元目錄의 원칙이 기본적으로 깔려 있음을 보여주는 한 예로 생각된다. 즉 동양서의 경우는 가다가나의 표기에 따라 편성하고 서양서의 경우는 로마자에 의해 별도로 편성하도록 한다는 원식이다. 이는 이 규칙이 '일본어로 쓰인…주로 明治 이후에 간행된 도

---

56) 日本圖書館協會 目錄委員會 編. 日本目錄規則. 新版予備版. *op. cit.*
57) *Ibid.* p. 5.

서'(NCR 1977, 1. 2)를 기본적인 대상으로 한다는 점으로도 뒷받침
될 수 있을 것이다.

또한 일본국립국회도서관의 일본목록규칙 適用細則에서도 신판 예
비판의 예를 그대로 따르고 있다.58)

다음으로 일본목록규칙 1987년판에서는 '표목지시에 있어서 표목
의 표시방법'에 관한 절에서·이를 더욱 상세히 규정하고 있다.59) 즉
서명과, 저자명 등의 固有名을 표목으로 하는 것(주제명표목 가운데
고유명을 표목으로 하는 것 및 분류표목으로 표목에 부가된 고유경
의 부분 포함)의 경우는 '일본자료에 대해서는 가다가나로 표시하그,
서양자료에 대해서는 로마자로 표시하는 것을 원칙으로 한다. 다만
일본자료와 서양자료를 모두 로마자로 표시해도 좋다'(NCR 1987,
21.3.0)라고 규정하고, 이어서 일반주제명 및 분류기호만을 표목으르
하는 것은 '일반주제명은 해당표목에 고유의 문자(漢字 등)로 표시
하고 분류기호는 소정의 기호로 표시한다'(同項)라고 규정하고 있다.
그리고 표목의 기재방법은 서명표목과 저자표목은 표목지시에 지시
된 대로 기재하고(22.5.0; 23.5.0), 주제명표목의 경우는 원칙적으로
가다가나로 기재하고, 이에 해당하는 한자 등을 附記하도록 하고 있
다(24.5.0). 또한 원자료의 표목을 확인 식별하는 데는 일본어의 특
성으로서 가다가나 표기만으로는 충분치 않기 때문에 기술중의 표시
에 의하든가, 기술중의 표시에 의하여 불가능한 경우에는 표목에 한
자를 부기하도록 명시하고 있다(21.3.1).

결국 '도서관이 소장하는 모든 자료'를 대상으로 할 것을 목표로
하고 있는 NCR 1987에서는 신판 예비판의 동양자료에 대한 가다가
나 표기의 원칙을 그대로 유지하면서 서양자료에 대한 로마자표기를
명시하는 한편, 로마자에 의한 동양서와 서양서 목록의 一元化 가능
성도 수용하고 있다고 할 수 있다.

---

58) 國立國會圖書館 編. 日本目錄規則適用細則. *op. cit.* pp. 12-13.
59) 日本圖書館協會 目錄委員會 編. 日本目錄規則. 1987年版. *op. cit.*

한편 중국의 경우에 있어서는 한자의 구조와 배열순서가 비교적 복잡하기 때문에 그 檢字와 배열업이 무려 28종에 이른다고 한다.60) 그 대표적인 것으로는 部首檢字法, 四角號碼法, 倂音音序法, 筆劃筆順法 등이 있으나, 중국편목규칙 자체에는 배열을 위한 규칙이 포함되어 있지 않다. 한편 AACR2의 1988년판에서는 非로마자로 된 표목은 모두 로마자화하여 표기하도록 하고 있다(AACR2R 22.3C, 24.1B, 25.2E2 참조).

이상에서 한국과 일본의 편목규칙에 있어서의 표기법에 관한 규정의 변화과정을 살펴보면 몇 가지의 공통점을 찾을 수 있다. 첫째로 漢字로 되어 있거나 한자를 포함하고 있는 서지데이터에 대하여 독음을 부여하거나 표목을 자국어로 표기하는 것은 처음에는 단순히 排列의 편리성을 위한 기준으로서 시작되었다는 점이다. 따라서 최초에는 한자데이터와 자국어 데이터가 서로 다른 데이터로 인정되지 않았던 것이다. 둘째로 이와 같이 한자표목에 대한 독음으로 시작된 표기법이 결과적으로는 自國語標目으로 대체되게 되었다는 사실이다. 특히 ISBD의 영향을 받은 기술독립방식에 따라 표목을 기술부와는 독립적으로 부여하게 됨으로서, 비로소 한자데이터와 자국어 데이터는 서로 다른 데이터요소로서 받아들여지게 되었던 것이다. 셋째로 이와 같은 표기법의 문제는 기본적으로는 동양서와 서양서목록의 二元目錄을 전제로 한 것으로서, 서양서는 로마자로 그대로 표기되게 된다는 점이다. 다만 NCR 1987에서는 동양자료의 로마자에 의한 일원화의 가능성도 인정하고 있다.

2. 表記法이 MARC 포맷에 미친 영향

이상에서 살펴본 바와 같이, 언어와 문자가 일치하지 않는 나라에

---

60) 黃淵泉. 中文圖書編目學. 臺北市, 臺灣學生, 1989. pp. 322-325.

있어서는 편목규칙에 있어서 표기법에 대한 배려가 필요하게 된다. 한국과 일본에 있어서는 한자로 된 서지데이터를 효율적으로 檢索하고 그 排列을 용이하게 하기 위하여, 한자데이터는 한글이나 가나, 로마자 등으로 바꾸어 표기되어야 한다. 이와 같은 전통적인 목록에 있어서의 처리방식은 이를 자동화한 MARC에 있어서도 그대로 반영되어 MARC 포맷의 설계에 영향을 미치게 된다. 한편 서양의 USMARC와 UNIMARC에서도 비로마자의 처리를 위하여 포맷상에 별도의 배려를 하고 있다.

(1) 東洋의 MARC 포맷과 表記法

우선 동양의 MARC 포맷을 보면 이러한 독음 또는 표기법의 문제를 해결하기 위하여, KORMARC와 JAPAN MARC에서는 한자데이터의 독음을 표시할 수 있도록 배려하고 있다. 특히 JAPAN MARC에 있어서는 이로 인한 포맷의 수정으로 인하여 준거하고 있는 UNIMARC와는 互換性이 없을 만큼 포맷이 변형되게 되는 중요한 원인이 되고 있을 정도이다. 한편 CHINESE MARC에서도 외국도서관 등에서의 이용을 위하여 로마자음(romanization)을 표시하드록 하고 있다.

그러나 세 포맷은 이와 같은 그 처리방법에 있어서는 제각기 다른 특색을 보여주고 있다. 그리하여 다음에는 각 포맷별로 그 처리방법을 고찰해 보고자 한다. 우선 KORMARC의 경우를 살펴보면, 엄밀한 의미에서 KORMARC는 포맷 자체에 있어서는 표기법이나 독음에 대하여 어떠한 배려도 하고 있지 않다고 할 수 있다. 즉 KORMARC에서는 우선 기술부와 검색부를 구분하여, 記述部에는 한자데이터 또는 한자를 포함하고 있는 데이터요소를 그대로 입력하도록 하고, 檢索部에는 그 독음에 해당하는 한글데이터(양서의 경우는 로마자)를 입력하도록 하고 있다. 이때 표기에 사용되는 문자는 각 필드의 제2지시자를 사용하여, 한국인(단체명, 회의명 포함) 또는 한국어의 한글 표기(0), 외국인(단체명, 회의명 포함) 또는 외국어의 한글 표기(1), 로마자 표기(2)로 구분하여 표시하게 된다. 다만 서명에 있어서는, 본서명이 표기법의 경우를 제외하고는 그대로 부출될 때에는 서명저자표시사항 필드(245)의 제1지시자로서 이 사실을 표시하고(1), 본서명의 한자데이터를 프로그램에 의해 한글로 변환시켜 자동부출하도록 하고 있다. 또한 서명이 본서명과 다르게 부출될 경우에는 740 필드(부출기입-본서명과 다르게 부출되는 서명)에 이를 별도로 입력하여 부출할 수 있도록 하고 있다.

이를 個人著者의 경우를 예로 들어 설명하면 다음과 같다:

```
100   XO$a저자명-성(한글)$h저자명-명(한글)
100   X2$a저자명-성(로마자)$h저자명-명(로마자)[洋書]
245   X1$a서명(한자)$a저자명(한자)[한글서명은 자동부출]
600   X0$a주제명(개인명)의 기본요소(한글)
740   X0$a서명(한글)
```

결과적으로 KORMARC에서는 포맷 자체 내에서는 별도의 배려 없이 다만 전통적인 목록의 관례에 따라 245 필드와 같은 기술부에서는 자료에 나타난 대로의 데이터요소를 그대로 옮겨적는 소위 轉記의 原則을 따르고 있고, 100 필드와 600 필드, 740 필드와 같은 검색부(표목부)에서는 동양서의 경우는 한글로, 서양서의 경우는 로마자로 이를 입력하도록 하고 있는 것이다. 이것은 앞서 살펴본 편목규칙의 규정과도 일치하는 것이다. 이때 한글과 로마자의 구별은 제2지시자를 사용하여 처리하고 있다. 한편 書名의 경우는, 표기법을 제외하고는 그대로 부출되는 한자데이터의 처리에 있어서 독음에 해당하는 한글데이터를 별도로 입력하지 않고 프로그램에 의해 자동적으로 변환하여 부출하도록 하고 있는 점이 특이하다고 할 수 있다. 이것은 목록이론의 견지에서 보면 일견 비논리적인 것으로 보일 수도 있을 것이다. 즉 한자데이터와 한글데이터가 서로 다른 데이터요소라고 한다면 이를 포맷에서 별도로 처리하도록 하는 것이 이론적인 면에서는 타당할 것이다.

그러나 이와 같은 방식은 韓國語의 특성에 따른 실제적인 편의성을 고려하여 채택된 것이라 할 수 있다. 즉 KORMARC에 있어서의 이와 같은 프로그램에 의한 변환은 한국의 漢字코드화 방식에 있어서의 특성과 한자에 대한 접근방식에 바탕을 두고 있는 것이다. 한국의 한자코드를 2바이트 완성형으로 표준화한 한국표준정보교환용코드, 즉 KSC 5601에서는 소위 기본한자로서 4,888자를 선정하여 이를 우선 음의 가나다순으로 배열하고, 동일음 안에서는 부수순, 동일부수 안에서는 획수 순으로 배열하고 있다. 따라서 KSC 5601에서는 같은 글자가 다른 음으로 사용되는 경우나 두음법칙 등으로 글리 읽혀질 수 있는 경우가 허다하다.[61] 즉 '樂'의 경우는 낙(49-66), 탁(53-05), 악(68-37), 요(72-89) 등의 네가지 음에 따라 서로 다른 코드가 부여되며, '女'의 경우는 녀(50-19)와 여(69-92)와 같이 두음법칙이 따른 음이 별도의 코드를 갖게 되는 것이다. 결과적으로 이와 같은 重出에 의한 경우를 제외하게 되면 KSC 5601에 선정된 한자수는 4,620자에 불과하게 되는 것이다. KORMARC에서는 이 KSC 5601자 외에도 문헌정보처리에 필요한 추가의 한자를 포함시켜 현재 15.000자를 사용할 수 있도록 하고 있다. 문자체계에 있어서는 이와 같은 음에 따른 코드의 부여방법을 그대로 채용하고 있는데, 이것은 한자데이터를 한글로 변환하는 데 있어서는 큰 도움이 되게 된다. 그 결과 하나의 문자에 대하여 하나의 한글이 대응할 수 있게 됨으로써, KORMARC에서는 별도의 필드에 한글데이터를 추가로 입력하지 않고서도, 프로그램에 의해 한자데이터를 용이하게 자동적으로 한글로 변환하여 副出시킬 수 있게 되는 것이다.

다음으로 JAPAN MARC을 살펴보면, JAPAN MARC은 동양 세미

---

61) 李春澤. 韓國標準規格と日本工業規格の漢字について. 學術情報センタ紀要(1990. 9). pp. 21-47.

라의 포맷 가운데 표기법에 대한 배려로 인하여 가장 많은 변형이 이루어진 포맷이라 할 수 있다. JAPAN MARC에서는 우선 UNIMARC에 준거하여 記述部와 악세스포인트부를 완전히 분리시키고 있는데, 기술부에서는 서명과 저자명의 경우 한자를 포함한 데이터가 모두 그대로 입력하고, 악세스포인트 블럭에서는 그에 해당하는 讀音만을 표시하게 된다. 이때 그 독음은 가다가나형과, 로마자형, 한자형의 세가지 방식으로 각각 표시된다. 다만 기술부와 악세스포인트부의 한자데이터가 동일할 경우에는 한자형의 독음의 서브필드에는 해당하는 기술부의 표시자 기호만을 입력하게 된다. 또한 JAPAN MARC에서는 기술부과 악세스포인트부를 서로 연결시키기 위해 두 블록의 표시자의 말미의 두자를 동일하게 표시하여 助記性을 갖도록 하고 있다.

이를 도해하면 다음과 같다:

251 $A서명(한자)$F저자명(한자)
551 $A서명(가다가나형)$X서명(로마자형)$B서명(한자형)
650 $A개인주제명(가다가나형)$X개인주제명(로마자형)$B개인주제명(한자형)
751 $A저자명(가다가나형)$X저자명(로마자형)$B저자명(한자형)

결과적으로 JAPAN MARC에서도 KORMARC의 경우와 마찬가지로, 251 필드와 같은 기술블록에서는 한자를 포함한 데이터를 그대로 입력하도록 하고, 551 필드와 650 필드, 751 필드와 같은 악세스포인트 블록에서는 그 독음을 쌍으로 표시하도록 하고 있다. 그러나 그 독음의 표시에 있어서는 우선 KORMARC에서 한글에 의한 표기(서양시의 경우는 로마자)만을 채택하고 있음에 비해, JAPAN MARC에서는 가다가나형과 로마자형을 아울러 채택하고 있음을 볼 수 있다. 이것은 도서관의 일반적인 관례에 따른 것으로서, 한국에서는 모든 도서관이 한글 표목을 채택하고 있음에 반해, 일본에서는 로마자 표목도 가다가나에 의한 표목과 아울러 채택되고 있는 현실을 반영한 것이라 할 수 있을 것이다. 이것은 앞서 살펴본 편목규칙에서도 마찬가지이다. 다음으로 KORMARC에서는 프로그램에 의한 自動變換에 의하여 서명을 자동적으로 추출하도록 하고 있음에 비하여, JAPAN MARC에서는 각각의 표기에 따른 서명의 독음에 해당하는 데이터를 악세스포인트 블록에서 별도로 다시 프맷에 입력하도록 하고 있다.

다음으로 대만의 표준포맷인CHINESE MARC에서는 중국어의 경우 한자 자체가 기술요소와 검색요소로 사용되기 때문에 별도의 독음필드는 필요지 않다. 그러나 CHINESE MARC에서는 外國圖書館에서의 이용을 위하여 로마자음을 표시하도록 하고 있다. 그러나 그 처리방법에 있어서는 서명필드와 저자명필드가 서로 차이를 보여주고 있다. 즉 서명에 있어서는 기술블록(200 필드)과 악세스포인트 블록의 관련서명블록(500-541 필드)의 각 서명필드에 별도의 서브필드, $r을 설정하여 서명의 로마자음을 표기하도록 하고 있다. 또한 저자명에 있어서는 악세스포인트 블록의 저자블록에 별도의 필드(770-792)를 설정하여 각 저자사항을 로마자음으로 표기하도록 하그 있다. 이때 로마자음 필드의 표시자에 70을 더한 숫자를 사용한다. 아울러 이 770-792 필드는 저자명의 로마자음과 더불어 中譯作品著者의 원명을 표시하기 위해서도 사용될 수 있도록 하고 있다.

이를 개인저자의 경우를 예로 들어 도해하면 다음과 같다:

    200   XX$a서명(한자)$f저자명(한자)$r서명(로마자음)
    700   XX$a저자명－성(한자)$b저자명－명(한자)
    770   XX$a저자명－성(로마자음)$b저자명－명(로마자음)

이상에서 살펴본 방법들은 세종류로 구분할 수 있다. 첫째는 CHINESE MARC의 서명을 표시하는 데 사용하는 방법으로, 한자데이터와 讀音데이터를 동일한 필드에 별도의 서브필드를 설정하여 표시하도록 하는 방법이다. 둘째는 CHINESE MARC에서 저자를 표시하는 데 사용하는 방법으로, 각 독음별로 별도의 필드를 설정하여 표시하는 방법이다. 셋째는 JAPAN MARC에서 사용하는 방법으로, 한자를 포함한 데이터 필드와 독음의 필드를 별도의 블록으로 구분하고, 각 독음별로 별도의 서브필드를 설정하여 표시하는 방법이다. 넷째는 KORMARC에서 사용하는 방법으로, 한자를 포함한 데이터 필드와 독음의 필드를 구분하고, 지시자를 사용하여 각 독음을 지시하는 방법이다.

이와 같은 각 포맷간에 차이는 기본적으로 각국의 목록에 있어서 표목에 대한 표기법과 편목법의 관례, 서지적 특성의 차이에 기인한 것이다. 그러나 이와 같은 비교를 통하여 몇 가지 개선점을 제시할 수 있을 것이다. 우선 기술부와 표목부(검색부)의 독립이라는 측면에서 보면 轉記의 原則에 따라 기술부에 한자를 포함한 데이터를 그대로 입력시키는 것은 지극히 타당한 것이다. 그러나 이와 같은 기술부의 데이터가 검색요소가 되는 경우는 이를 별도의 독음으로서 부출될 수 있도록 해야 한다. 그 대표적인 예가 書名이다. 이것은 서양의 MARC에서와는 달리 동양자료를 처리하기 위한 MARC에서는 반드시 고려해야 할 사항으로서, 기존의 세 포맷에서는 모두 이에 대한 배려를 하고 있다. 그러나 그 방법에 있어서는 KORMARC에서는 자동변환에 의하고 있고, CHINESE MARC에서는 동일한 필드에 별도의 서브필드를 설정하여 처리하고 있다. 서로 다른 문자에 의한 데이터가 별도의 데이터라는 점에서 이는 검색필드에 해당하는 부출저록의 필드에 별도의 필드로서 입력하는 것이 타당할 것이다. 이와 같은 의미에서 出版社名 등과 같은 검색요소로서 사용될 수 있는 데이터에 대한 별도의 부출도 고려해야할 것이다.

또한 국제적인 이용을 고려한다면 KORMARC의 검색필드에도 로마자음을 표시하도록 하는 것을 고려해야 할 것이다. 아울러 이는 국내의 목록시스템에서 이미 이를 채택한 적이 있다는 점에서도 정당화될 수 있을 것이다.

(2) USMARC와 UNIMARC의 異文字 處理

한편 이와 같은 표기법이나 문자처리에 있어서의 문제점은 동양 뿐만 아니라 서양에서도 문제가 되고 있다. 서양에서는 로마자나 라틴어 문자 이외의 문자로 된 서지데이터의 경우는 대개 로마자화를 통하여 처리되게 되는데, 그중에서도 한국과 중국, 일본의 자료는 로마자화에 있어서 독특한 문제를 제기하게 된다. 그리하여 다음에는 USMARC과 UNIMARC를 중심으로 이와 같은 동양자료의 문자처리를 MARC 포맷에서 어떻게 수용하고 있는지 살펴보고자 한다.

USMARC의 모든 레코드는 로마자나 라틴어 문자로 이루어져가 했으므로, 1983년 이전의 비로마자 데이터는 飜字나 번역에 의하여 그에 상당하는 로마자음으로만 레코드에 표시되었을 뿐 자국어 문자로는 입력되지 않았다.62) 그리하여 Books A MARC format63)에서도 'Romanized Title'이란 필드(241)를 마련하여 저작의 서명이 비로마자로 되어 있는 경우에 사용할 수 있도록 규정하고 있다. 이와 같이 비로마자로 된 서명을 로마자로 변환하여 표시할 경우에는, 그 정장데이터요소 필드(008 필드)의 38번째 바이트(수정레코드 지시자)에 이를 표시하고 書名필드(245필드)에 로마자형을 기록하고 다 241 필드에 이를 반복하도록 하고 있다. 이와 같은 방식은 MFBD 에도 그대로 이어지고 있다.

그러나 이와 같은 로마자화는 때로는 만족스럽지 못할 뿐더러 변자 자체가 어려운 경우도 생기게 되고 로마자화된 형식이 명료치 못할 때도 생기게 되었다. 특히 소위 CJK(Chinese, Japanese, Korean materials)로 일컬어지는 동양삼국의 자료는 이를 로마자화할 경우에는 여러 가지 飜字방식이 존재할 뿐만 아니라 그 가운데 어떤 방식

---

62) Walter Crawford. *MARC for library use; second edition understanding integrated USMARC.* Boston, G.K.Hall & Co., 1989. p. 187.
63) LC, MARC Development Office. *Books; A MARC formats specifications for magnetic tapes containing catalog record for books.* 5th ed. Washington, LC, 1972.

을 채택하더라도 同音異義語가 너무나도 많이 발생하게 되어 원래 문자에 나타나는 것과 같은 구별이 불가능하게 되어 불만의 요인이 되었다.64)

이와 같은 배경으로 하여, RLG에서는 RLIN을 위하여 CJK의 개선을 계획하고, 모든 기본적인 서지필드는 자국어형식은 물론 로마자화된 형식으로도 이용할 수 있도록 하기로 결정하였다. 이를 위해서는 자국어 데이터를 기억시키기 위한 기업뿐만 아니라, 자국어 형식과 로마자 형식을 서로 연결시키기 위한 기법도 필요하게 된다.

RLG와, LC, MARBI에서는 비로마자 자료를 식별하고 로마자형과 비로마자형을 연결시키기 위한 기업을 공동으로 개발하였다. 이 기법에서는 어떤 한 필드와 다른 한 필드를 명백한 방식으로 연결하게 됨으로 레코드는 그로 인한 영향을 받지 않게 된다.

UFBD에서는 이와 같은 방식을 포맷에 반영하고 있다. 이로 인하여 명백한 연결을 위하여 모든 가변장 데이터필드에는 ‡6, 非로마字연결 서브필드(Nonroman linking subfield)라는 새로운 서브필드에 대한 정의가 필요하게 되었다. 또한 별도의 다른 형식을 수록하기 위한 새로운 필드로서는 880 필드, ‘Alternate Graphic Representation’이 비로마자를 표현하기 위한 반복필드로서 새로이 설정되게 된다. 이 필드는 같은 레코드에 수록된 다른 필드에 대하여 완전한 내용표지기호를 부여하여 또하나의 그래픽에 의한 표현으로 나타내게 된다.

아울러 대응하는 그래픽문자가 포함되어 있음을 나타내기 위한 또하나의 필드로서 066, Character Sets Present 필드가 있다. 이 필드는 레코드에서 사용되는 비로마자 문자세트를 정의하게 된다.

한편 이 880 필드는 서브필드 ‡6에 의하여 관련된 필드와 연결된다. 또한 880필드의 指示字와 ‡6를 제외한 서브필드는 모두 관련된 필드의 것과 동일하게 사용된다. 이때 사용되는 서브필드 ‡6는

---

64) Walter Crawford. *op. cit.* pp. 187-188.

각각의 대응하는 그래픽 표현을 나타내는 필드의 쌍들을 연결시켜주는 ‡ 데이터를 수록한다. 또한 그 필드에 있는 첫 번째의 그래픽 문자세트를 식별해 준다. 이 서브필드에는 관련필드의 표시자번호와 이를 연결시켜주는 出現番號(occurrence number), 더웅하는 그래픽에 있는 문자세트를 식별해주는 문자가 수록된다. 그 구조를 살펴보면 다음과 같다:

[연관표시자]-[출현번호]／[대응그래픽 문자세트의 식별]

연관표시자(linking tag) 부분은 관련된 필드를 나타내는 세자리의 표시자 번호로 구성된다. 그 다음에는 하이픈이 오고, 이어서 두자리의 출현본가 오게 된다. 출현번호는 각각의 관련필드에 부여되는 것으로 어떤 한 레코드내의 한 세트의 관련필드에만 부여된다. 이 출현번호의 기능은 필드의 순서를 정하기 위한 것이 아니라 관련된 필드를 서로 매치시키기 위한 것이므로 임의로 부여할 수 있는 것이다. 출현번호 다음에는 사선이 오고, 이어서 그 필드어서 사용되고 있는 대응하는 그래픽 문자세트의 식별자가 온다.

이를 CJK의 예를 들어 도해하면 다음과 같다:

```
066      ‡c$1
245  00  ‡6880-02‡aTitle[romanized]
250      ‡6880-22‡aEdition[romanized]
650   0  ‡aSubject(no alternative representation)
880  00  ‡6245-02/‡aTitle[CJK data]
880      ‡6250-22/‡aEdition[CJK data]
```

결과적으로 USMARC에서는 비로마자를 포현하기 위하여 066 필드에 그 문자세트의 사용여부를 표시하고, 記述部에서는 원칙적으로 로마자화한 문자로서 입력하고 아울러 그 원래의 문자는 880 필드를 설정하여 이를 다시 별도로 입력하도록 하고 있음을 알 수 있다. 이때 두 필드의 데이터를 서로 연결시키기 위해 새로운 서브필드를 설정하고 있는 것이다.

한편 UNIMARC에서도 1980년의 제2판에 이르기까지는 서로 다른 문자의 처리에 대하여 어떠한 배려도 가지 않고 있으나, 1987년의 UNIMARC Manual에서는 Treatment of Different Scripts'라는 별도의 소절을 마련하여 이를 다루고 있다. 이것은 로마자음과 번자, 대응하는 문자나 철자 등을 기록하기 위하여 마련된 것으로, 대응하는 그래픽표현/문자는 기록되는 데이터의 해당 내용표지기호를 사용하여 001-099 필드(식별블록) 및 200-899 필드(기술정보블록, 주기블록, 연관저록블록, 관련서명블록, 主題分析블록, 지적책임블록, 국제적 사용블록)에 기록하도록 하고 있다. 따라서 이를 위해서는 해당필드를 반복하여 사용하게 되는데. 이때는 서브필드 $6(Interfield Linking Data)와 $7(Alphabet/Script of Field)가 사용되게 된다.

필드 간 연결데이터 서브필드($6)에는 그 필드를 처리하기 위하여 그 레코드의 다른 필드들과 연결시켜 줄 수 있도록 해주는 정보와, 연결시킨 이유를 나타내는 코드가 수록된다. 이 서브필드는 연결설명코드(0)와, 연결번호(1-2), 연결된 필드의 표시자(3-5)의 세요소로 구성되는데, 연결된 필드의 표시자는 생략이 가능하므로, 3자리 또는 6자리로 이루어지게 된다. 각 요소는 필드 간 연결데이터 서브필드 다음에 나타나게 되며, 필드문자 서브필드($7)의 앞에 와야 한다.

필드문자 서브필드에는 그 필드는 주요내용을 나타내는 알파벳 및 문자를 표시하기 위한 조 코드를 수록된다. 이때 사용되는 코드값은 100 필드, 일반처리데이터의 34-35 자리에 표시되는 서명의 알파벳의 값을 갖게 된다. 따라서 100 필드의 값과 동일한 경우에는 이 서브필드는 생략이 가능하다.

이를 CJX의 각각의 경우를 예를 들어 살펴보면 다음과 같다.

```
600   ƀ0$6a01$a [로마자형의 개인주제명]
600   ƀ0$6a01$7ea$a [한자 개인주제명]
```

이 경우는 個人主題名이 로마자형과 한자형의 쌍으로 수록되게 되는 경우로서, 첫째 필드에서는 100 필드에 표시된 것과 동일한 문자가 사용되었기 때문에 필드문자 서브필드가 생략되었다. 이때 $6의 a는 대응하는 그래픽표현이 있음을 표시하는 연결설명코드이며, 01은 연결번호이다. $7의 ea는 한자임을 표시하는 문자코드이다.

```
701   ƀ0$6a04$a [첫째 공저자명의 한자형]
701   ƀ0$6a04$7dc$a [첫째 공저자명의 가나형]
701   ƀ0$6a04$7ba$a [첫째 공저자명의 로마자형]
701   ƀ0$6a08$a [둘째 공저자명의 한자형]
701   ƀ0$6a08$7dc$a [둘째 공저자명의 가나형]
701   ƀ0$6a08$7ba$a [둘째 공저자명의 로마자형]
```

이 경우는 두 사람의 共著者名을 각각 한자형과 가나형, 로마자형으로 수록하는 경우이다. 이때 $6에서 사용된 번호는 앞서의 예와 동일한 것이며, $7에서 사용된 dc는 일본어-가나, ba는 라틴어를 의미하는 코드이다.

```
200   1ƀ$6a01$a [한글 서명]
200   1ƀ$6a01$7ba$a [서명의 로마자형]
```

이 경우는 書名이 한글과 로마자형으로 각각 기록된 예로, 한글 서명은 100 필드에 표시된 문자가 사용되었기 때문에 필드문자 서브필드가 생략되었다. $7의 ba는 한글을 의미하는 코드이다.

이상에서 보는 바와 같이 USMARC와 UNIMARC에서도 동양의 MARC 포맷에서의 필요성과는 다소 다른 이유에서 출발되기는 했지만, 서로 다른 문자의 처리를 위한 배려를 하고 있는 것이다. USMARC에서는 880 필드라는 대응하는 필드를 설정하여 이를 처리하고 있고, UNIMARC에서는 필드를 반복사용하여 이를 처리하도록 하고 있는 것이다. 아울러 두 포맷에서는 표기법에 의해 달리 표현되는 데이터들로 이루어지는 이들 각쌍의 필드를 연결시키고, 사용되는 문자를 지시하기 위한 추가의 조치를 포맷에서 처리하고 있다. 결과적으로 두 포맷에서도 다양한 관례에 따른 文字의 處理를 수용할 수 있도록 하고 있음을 알 수 있다.

그러나 시스템적인 제한이 없는 상태에서라면, 표기법으로 인하여 대부분의 필드를 그대로 반복하여 사용하기 보다는 기술부에는 自國語 形式으로 데이터를 입력하도록 하고 검색부에 한하여 자국어 형식과 그 밖의 형식으로 데이터를 입력하도록 하는 것이 바람직하다. 그 이유는 기술부는 자료의 식별을 위한 부분으로서, 자료에 표시된 형식대로 옮겨 적는 것이 그 본래의 의미와 합치하기 때문이다. 이것은 ISBD의 소위 轉記의 원칙에도 일치할 것이다. 검색의 접근점이 되는 검색부의 데이터는 이용자의 요구를 수용할 수 있도록 한다는 측면에서 가능한 표기법을 수용하는 것이 바람직하다.

결과적으로 동양의 편목규칙에 있어서 배열의 편의를 위하여 표목에 대한 讀音으로서 시작된 표기법은 소위 記述獨立의 원칙과 더불어, 기술부의 데이터와는 다른 별도의 데이터로서 취급되게 되었다. 따라서 동양자료에 있어서는 한자데이터와 그 독음을 표시하는 데이터는 별도의 데이터로 취급되어야 하며, 포맷에서도 이에 대해 배려해야 한다. 이를 위해서는 기술부에는 자료에 나타난 대로의 형식을 그대로 입력하고, 검색부에는 한국의 경우는 한글, 일본의 경우는 가나나 로마자와 같이, 각 독음이나 표기법별로 이를 표시할 수 있도록 하는 것이 바람직하다.

C. 聯關著錄에 있어서 書誌的 關係의 處理

目錄을 작성할 경우 叢書名 등의 예외를 제외하고는, 대개 대상자료에 직접적으로 관련되는 서지적 단위를 중심으로 독자적으로 작업이 이루어지게 된다. 이때 그 대상자료는 그것이 물리적으로는 동일한 자료라고 하더라도 그 목적에 따라 때로는 그 知的 예술적 내용에 중점을 두고 취급되기도 하고, 때로는 하나의 물리적인 실체로서의 출판물 자체에 중점을 두고 취급되기도 한다. 따라서 이와 같이 독자적으로 목록이 작정되는 경우에도, 상호관련 된 저작들은 주게명표목이나, 저자명, 분류번호 등을 통하여 서로 간접적으로 연결될 수 있는 것이다.

그러나 이와 같은 독자적인 편목과 아울러, 특히 출판물 자체로서의 관점에서 목록을 작성할 경우에는, 檢索의 효율성을 높이기 위하, 형태상으로 나뉘어져 있거나, 대상자료에 포함되어 있는 서로 관련된 서지자료에 대한 서지적 단위와 같이, 상호관련 된 서지적 단우를 분명하게 명시적으로 연결시켜 주어야 할 필요성이 생기게 된다. 참조나 내용주기, 分出著錄 등은 이와 같이 서로 관련된 서지자료를 연결시키기 위한 방법의 대표적인 예라 할 수 있다.

한편 이와 같은 필요성을 바탕으로 MARC 포맷에서도 聯關著錄 (linking entry)이라는 필드를 설정하여 이를 처리하도록 하고 있다. UNIMARC에서 도입된 이래로 각국의 포맷에 반영되고 있는 연관저록은 MARC 포맷에서 서지적으로 관련된 사항을 연결시키기 위해 마련하고 있는 특징적인 방법 가운데 아니라 할 수 있다.

그리하여 본절에서는 목록에 반영되어야 할 書誌的 單位 사이의 관계를 밝히고, 이러한 관계가 전통적인 목록에서 어떻게 처리되고 있는지를 분석하는 한편, 각국의 MARC 포맷에 대한 비교분석을 바탕으로 연관저록의 필요성과 개선점을 제시하고자 한다.

1. 書誌的 關係의 種類

편목의 대상이 되는 자료에 대한 서지적 단위는 단순히 어떤 기술 대상자료를 식별해주는 요소가 될 뿐만 아니라, 이를 다른 많은 서지적 단위와 구별하고, 서로간의 관계를 밝혀주기도 한다. 전통적인 목록에서도, 主題名標目은 동일한 주제에 관한 것으로 간주되는 저작을 한곳에 모아주게 되며, 분류번호도 서가상이나 서가목록, 온라인목록에서 유사한 저작을 한곳에 모으는 역할을 하게 된다. 또한 기본표목과 부출표목은 특정저자에 의한 저작을 함께 모으게 되는데, 典據統整을 통하여 이들이 한곳에 일관성있게 집중될 수 있도록 하게 된다.65) 이와 같은 방법들은 간접적이기는 하지만, 서로 다른 관련레코드를 인접한 순서로 분류해주는 역할을 하게 되는 것이다.

그러나 어떤 저작의 知的 예술적 내용을 구현하는 출판물이라는 물리적 형태의 관점에서 보면, 이와 같은 자료들이 갖게 되는 서지적 관계는 크게 수직적 관계와 수평적 관계, 연대적 관계로 구분할 수 있다.66)

垂直的 關係(vertical relationship)는 개개의 자료와 이를 포함하고 있는 총서와의 관계나 저널기사와 이를 수록하고 있는 저널과의 관계와 같이, 전체와 그 전체를 구성하는 각 부분 및 각 부분과 이로 이루어지는 전체와의 관계로서, 계층적 관계(hierachical relationship)라고도 한다.

이때 총서나 저널과 같이 더 포괄적인 것을 상위레벨의 서지적 단위라 하고, 각권의 자료나 기사와 같은 그 반대의 것을 하위레벨의 서지적 단위라 한다.67)

---

65) Walt Crawford. *MARC for Library Use 2nd ed Understanding Integrated USMARC.* Boston, G.K.Hall & Co., C1989. p. 171.
66) *UNIMARC: Universal MARC Format.* 2nd. ed. p. 58.
67) 丸山昭二郎. 新 目錄法と書誌情報. 東京, 雄山閣, 1987. p. 105.

水平的 關係(horizontal relationship)는 서로 다른 언어나 형식, 매체 등으로 이루어진 어떤 저작의 여러 판 사이의 관계를 말한다. 어떤 하나의 저작이 구체화된 하나의 자료는 물리적으로는 유일한 것이지만, 동일한 저작이 구체화된 다른 자료와는 결과적으로 동일한 것이 되는데, 이와 같이 동일한 저작이 구체화된 자료 상호간의 관계를 수평적 관계라 하는 것이다.

年代的 關係(chronological relationship)는 연속간행물의 선행지와 후속지의 관계와 같이, 계속적으로 간행되는 출판물 상호간의 시간적 관계를 말한다.

한편 식별이 가능한 서명을 가지고 있고, 물리적으로 독립되어 있는 자료라 하더라도, 다른 자료와 조합되지 않으면 그 자체만으로는 이용이 불가능한, 복합매체자료(kit)나 보유자료와 같은 자료들이 있다.

그리하여 다음에는 이와 같은 서지적 관계가 편목에 있어서 어떻게 반영되어 왔는지를 고찰해 보고자 한다.

2. 目錄에 있어서 書誌的 關係의 處理

전통적인 목록에서 자료 사이의 관계를 나타내기 위한 가장 일반적인 방법은 공통의 주제를 다루거나 공통의 저자에 의해 이루어진 자료를 동일한 표목을 사용하여 묵시적으로 함께 모으는 방법이라 할 수 있다. 표목의 선정과 관련해서는 소위 基本著錄(main entry)의 개념이 일반적으로 사용되고 있다. 기본저록은 어떤 자료를 검색하고 식별하는 데 필요한 모든 사항을 가장 기본적으로 기록한 저록이다. 그러나 이와 같은 기본저록만으로는 이용자의 자료에 대한 검색에 효과적으로 부응할 수 없기 때문에, 이를 보조할 수 있는 補助著錄(additional entry)이라는 추가의 저록이 필요하게 된다. 보조저록에는 부출저록(added entry)과 分出著錄(analytical entry), 참조

(reference)의 세종류가 있다. 이 가운데 공저자명이나 역자명, 서명, 주제명 등을 표목으로 하는 부출저록은 서지적 관계를 명시적으로 밝혀주기 위한 기법과는 거리가 먼 것으로, 분출저록과 참조가 이와 직접적인 관련을 갖게 된다.

(1) 分 出

분출(analysis)은 포괄적인 저록이 이미 작성된 어떤 자료의 일부를 기술하는 서지레코드를 준비하는 과정68)을 말하며, 이 과정에 의해 작성된 저록을 분출저록이라 한다. 이와 같은 분출과 직접적으로 관련되는 대표적인 자료로는 合集과 총서, 보유자료 등이 있다.

우선 叢書에 포함된 단행본을 기술할 때에는 총서사항이나 주기사항에 표시하는 방법들이 서지레벨이라는 개념이 없었던 시대로부터 전통적으로 목록기술의 방법으로 사용되어 왔으며, 인용의 경우에도 일반적으로 사용되고 있다.

한편 다권본의 記述에 있어서는 그 계층적 관계를 표현할 수 있도록 하기 위하여 多段階記述法과 분립저록의 방법이 사용된다. 아울러 분출적 부출저록의 방법도 분출의 한 방법으로 사용된다.

가. 分出的 副出著錄: 상위저작에 대한 포괄적인 저록의 서명저자표시사항이나 주기사항에 해당부분에 대한 固有名이 나타나 있는 경우에는, 그 부분에 대해서도 부출저록을 작성하게 되는데,69) 이를 분출적 부출저록이라 한다. 이 방법은 주로 카드목록에서 자주 사용되는 것으로,70) 상위의 서지레벨로 작성된 서지기술을 그대로 살려 복제하여 하위레벨의 저작명을 접근점으로 하는 부출저록을 작성하는 것이다. 이때 이 부출표목은 해당부분의 기본표목이나 본서명, 통일

---

68) *Anglo-American Cataloguing Rules*. 2nd ed. 1988 revision. Chicago, ALA, 1988. p. 299.
69) *Loc. cit.*
70) 丸山昭二郎 編. *op. cit.* p. 109.

서명으로 이루어지게 된다. 이 방법은 해당부분에 대한 추가의 서지 레코드를 작성하지 않고서, 해당부분에 직접 접근하고자 할 때 적절한 방법이 될 것이다. 따라서 이 경우에는 표목을 통하여 상위레벨의 저작과 하위레벨의 저작을 별도로 접근하게 된다.

나. 單行本 叢書의 分出: 어떤 자료가 단행본 총서로서 이를 포함하고 있는 자료의 서명과는 독립적인 서명을 가지고 있는 경우에는, 해당부분에 대한 완전한 서지기술을 담고 있는 분출저록을 작성하게 된다. 이때는 이를 포함하는 상위의 서지레벨에 속하는 포괄적인 저작(총서)에 관한 세목은 총서표시사항에 기재하게 된다.

> 인간회복의 정치론 / 장을병 지음. − 서울: 평민사,
> 1982. − 270p. ; 21cm. − (정치외교총서 4)

다. 註記事項: 상위저작에 대한 포괄적인 저록을 작성할 경우에는, 그에 수록된 각 부분은 내용주기에 일거하게 된다. 즉 '그 도서가 두개 이상의 저작을 종합서명 또는 대표서명 아래 수록하고 있는 것은 그 저작들의 전체 또는 중요한 것 또는 선발된 부분의 내역을… 註記'71)하는 것이다. 결국 합집에 포함되어 있는 저작과 같이, 하위의 서지레벨에 속하는 자료는 내용주기(contents note)로서 주기사항에 기술되는 것이다. 이 방법은 분출방식 중 가장 단순한 것72)으로서, 해당부분에 대한 서지적 기술은 대개 서명의 인용이나 고유명 및 서명에 한정되게 된다.

> 韓國現代文化史大系 / 高麗大學校 民族文化研究所 編…
>
> 목차: 1: 文學 藝術史. 2-3: 學術 思想 宗教史(上, 下). 4-5: 科學技術史

---

71) 韓國目錄規則. 3版(記述. 標目 올림指示篇). 서울, 한국도서관협회, 1983.
72) *AACR2R. op. cit.* p. 300.

(上, 下). 6: 政治 經濟史. 7-8: 文化運動 民族抗爭史(上, 下)

라. 分立著錄: 분립저록은 합집이나 총서의 경우 이에 포함된 개개의 저작에 대하여 일반 단행본의 경우처럼 개개의 저작에 대한 서지적 정보를 가능한 한 상세히 기술해주고, 그 수록처에 대해서도 서지적 정보를 완전히 주기해주는 방식을 말한다.73) 분립저록을 작성하는 경우에는 분출된 부분에 대해서는 완전한 기술을 작성하고, 이어서 이를 포함하고 있는 상위레벨에 대한 주기사항에는 동양자료의 경우는 '수록처:',74) 서양서의 경우는 'In:'이라는 導入語句를 앞세워, 서명저자사항과 판차사항, 발행사항, 권책의 次序 등 간단한 인용을 제시하게 된다.

> 兩班傳 / 朴趾源 原著 李民樹 飜譯. — p.1-15 ; 19 cm
> .— 원문: p.13-15
> 수록처: 燕巖選集 / 朴趾源 原著 ; 李民樹 飜譯.—서울 :
> 通文館, 1956. — 第1輯

마. 多段階記述法: 다단계기술은 통상 국가서지에서, 또는 자료전체의 기술을 주요요소로서 제시하는 단일레코드에서, 해당부분과 포괄적인 전체 양쪽에 대한 완전한 식별을 필요로 하는 저록을 작성하는 편목기간에 의해 사용된다.75) 이 방법은 계층적 완전기술방식이라고도 하는데,76) 결과적으로 한 목록저록 안에 한 도서의 全帙에 대한 정보와 해당권책에 대한 정보를 전체와 부분의 계층순으로 각기 완전히 기술하는 방식인 것이다. 대개의 경우 제1계층기술은 그 기술의 主部를 이루는 것으로 그 도서의 전질에 대한 전체적인 정보의

---

73) 정필모. 目錄組織論. 서울, 구미무역출판부, 1988. p. 116.
74) 韓國目錄規則. 3版. *op. cit.* pp. 88-89.
75) *AACR2R. op. cit.* p. 302.
76) 韓國目錄規則. 3版. pp. 86-87.

기록이 되며, 제2계층기술은 해당권책에 대한 정보의 기록이 된다

　　李光洙全集. - 서울 : 三中堂, 1962-1963. -
　　19책 : 사진, 초상 ; 20 cm

　　第1卷: 無情 ; 開拓者 ; 初期의 文章.- 1962. - 576 p.
　　第2卷: 再生 ; 革命家의 아내 ; 삼봉이네집. - 1963. - 542 p.

　(2) 參照
　목록에 있어서 참조란 '어느 하나의 표목이나 저록으로부터 다른 표목이나 저록으로 지시하는 것'77)을 말한다. 이와 같은 참조에는 저록의 표목으로 채택되지 않은 항목에서 채택된 항목으로 안내하는 '보시오.'(see) 참조와, 서로 관련된 표목 사이에 상호참조 하도록 하는 '도 보시오.'(see also) 참조의 두 종류가 있다.
　서지적 관계에 있어서는, 서로 다른 판 사이의 수평적 관계나 先行誌와 後續誌사이의 연대적 관계를 나타내기 위해 이와 같은 참조의 방식을 사용할 수 있을 것이다.

　　圖書館文化
　　　　는
　　圖協月報도 보시오.

　(3) 一般註記事項
　주기사항에는 서지적 기술의 서명저자표시사항에서 총서사항까지의 定形的 기술부의 어느 사항이나 요소에도 해당되지 않는 정보나, 또는 이미 기재한 정형적 기술에 대한 설명적 보완적 정보가 기술된다. 따라서 앞서의 서지적 관계는 필요할 경우 이 주기사항에 서지

---

77) *AACR2R. op. cit.* p. 621.

적 來歷에 관한 주기 등으로서 기술될 수 있다.

『표준조선말사전』의 개제서임
초판서명: 朝鮮十進分類表

(4) 獨立著錄

식별이 가능한 서명을 가지고 있고, 물리적으로 독립되어 있는 자료
라 하더라도, 다른 자료와 조합되지 않으면 그 자체만으로는 이용이
불가능할 수도 있는 자료가 있다. 이와 같은 자료는 일반적으로 다른
자료와 조합하여 하나의 서지적 단위를 형성하게 되는데, 그 대표적인
예로서 복합매체자료(kit)와 補遺資料(supplementary item)가 있다.

複合媒體資料는 학습교재와 강의용 녹음테이프와 같이, 둘 이상의
범주의 자료를 포함한 것으로서, 어느 쪽이 본체이고 어느 쪽이 부
속물인지 분명치 않은 복합자료이다. 종합서명이 있는 경우에는 각
각의 서명 다음에 해당하는 일반자료표시를 덧붙여서, 종합서명이
없는 경우에는 'multimedia'나 'kit'라는 일반자료표시를 덧붙여 하
나의 서지적 단위로서 저록을 작성하게 된다.78)

보유자료는 문제점에 대한 별책해답집이나 목록에 딸린 별책색인
과 같이, 주종관계가 명확한 자료로, 이용상의 편의를 위하여 하나의
서지적 단위로서 취급된다. 이중 특히 보유자료(supplement)와 색인
등79)은 별도의 자료로서 취급되어 별도로 목록이 작성되며, 본자료
와는 접근점과 주기사항을 통하여 연결되게 된다.

---

78) *AACR2R. op. cit.* pp.56-57.
79) *ibid.* p.351.

3. MARC 포맷에서의 書誌的 關係의 處理[80]

MARC 레코드의 데이터필드는 대개 입력하는 대상자료를 기술하는 데이터요소를 수록하게 된다. 그러나 때로는 형태상으로 나뉘어져 있거나 기술대상자료에 포함되어 있는 관련된 서지자료를 레코드에서 참조하도록 하는 경우도 있다. 총서명필드(UNIMARC의 2 5 총서필드, USMARC의 4XX 총서사항필드 및 800-840 총서명부출표목필드)와, 저자/서명부출표목(UNIMARC의 520-541 기타관련서명필드 및 7-지적책임블록, USMARC의 7XX 기타부출표목필드), 內容註記(UNIMARC의 327 필드, USMARC의 505 필드) 등이 그와 같은 대표적인 예라 할 수 있다. 이와 같은 필드들은 결과적으로 필요한 경우 앞서 살펴본 분출과 관련된 서지적 처리를 위해 사용될 수 있는 필드들임을 알 수 있다.

전통적인 편목규칙의 방법에 따른 이와 같은 총서필드와 내용주기필드, 부출표목필드는 分出을 위한 여러 가지 요건에 도움이 되는 것이기는 하였으나, 어떤 구성요소부를 나타내는 데는 적합치 못한 경우가 생기게 되고, 어느 경우에는 충분히 상세한 기술을 제공하지 못하는 경우도 생기게 되었다.[81]

이와 같은 문제점을 개선하고 서지적 관계를 효과적으로 처리하기 위해 MARC 포맷에 마련된 특징적인 필드가 聯關著錄필드(linking entry field)라 할 수 있을 것이다. 그리하여 다음에는 연관저록과 MARC에서 마련하고 있는 그밖의 서지적 관계 표현법에 대해 살펴보고자 한다.

---

80) 본고에서는 서지적 관계에 대한 고찰에 한한다. MARC의 레코드내연결 (intrarecord link)에 대해서는 Walt Crawford. *op. cit.* pp.173-176 참조.
81) Walt Crawford. *MARC for Library Use; Second edition Understanding Integrated USMARC*. Boston, G.K. Hall & Co. C1989. p.177.

(1) 聯關著錄

연관저록은 '기술대상자료와 어떤 특정의 관계를 가지고 있는 서지적 자료를 참조해야 할 경우에 이용될 수 있는 것'82)이다. 결과적으로 연관저록은 서로 관련된 사항을 연결시키기 위한 MARC에 있어서의 특징적인 방법으로서, '檢索의 대상이 될 수도 있고, 단순한 기술사항이 될 수도 있으며, 참조사항이 될 수도 있는 부분'83)이다. 따라서 연관저록필드는 입력하고자 하는 레코드가 이미 입력된 레코드와 연관이 있어 이를 나타내고자 할 경우, 또는 한 레코드 내에서 표시자 간에 연관이 있는 데이터를 짝지우고자 할 경우에 사용된다.84)

연관저록에서는 앞서 살펴본 수직적 관계와 수평적 관계, 연대적 관계 등을 나타나게 된다. 이를 위하여 관련된 레코드의 레코드 識別番號나, 저자와 서명 등의 데이터요소를 수록하게 된다.

이 연관저록 필드는 UNIMARC에 도입된 이래로, USMARC과 CHINESE MARC, KORMARC 등에도 도입되었으며, JAPAN MARC의 경우도 連續刊行物用의 경우 이를 도입하고 있다. 그리하여 다음에는 각 MARC 포맷별로 이를 대비하여 분석하고자 한다. 우선 각 포맷에 설정되어 있는 연관저록필드를 비교해보면 표 4-2와 같다.

연관저록필드의 설정은 UNIMARC의 가장 큰 특색의 하나85)인 동시에 가장 참신한 특징86)이라고 지적되고 있듯이, UNIMARC에서는 연관저록을 별도의 블록으로 설정하여 포괄적으로 다루고 있

---

82) Sally H. McCallum. MARC Record-Linking Technique. *Information Technology and Libraries* Sept. 1982. p. 282.

83) 玄圭燮. 國際汎用自動化目錄法(UNIMARC)에 대한 豫備的 考察. 國會圖書館報 157(1982. 3). p. 40.

84) 한국문헌자동화목록법 표준포맷 단행본용. 서울, 국립중앙도서관, 1984. p. 73.

85) 石田俊郎. JAPAN/MARCの問題點. 圖書館界 33(3). 1981. 9. p.135.

86) Ellen Gpedleyand Alan Hopkinson. *Exchanging Bibliographic Data: MARC and Other International Formats*. London, The Library Association, 1990, p. 186.

다. UNIMARC에서는 연관저록을 크게 여섯개 범주로 구분하고 있는데, 상당부분은 連續刊行物과 관련된 것이다. 실제로 UNIMARC의 연관저록 필드의 명칭은 전통적인 목록레코드에서 연결을 우해 작성되는 주기의 연속간행물의 명칭과 관련된 것이다.87)

[표 4-2] 포맷별 연관저록필드의 비교

UNIMARC		USMARC		CHINESE MARC		KORMARC*		JAPAN MARC**	
표시자	필드명	표시자	필드명	표시자	필드명	표시자	필드명	표시자	필드명
410	총서	760	기본총서	410	총서				
411	하위총서	762	하위총서	411	하위총서				
421	보유자료	770	보유/특수발행	421	보유자료	451	보유판		
422	모체자료	772	모체러코드	422	모체자료	452	모체자료		
423	합본	777	합본	423	합본				
430				430					
—	선행저록	780	선행저록	—	선행저록			430	선행저록
437				437					
440				440					
—	후속저록	785	후속저록	—	후속저록			440	후속저록
448				448					
451	동일매체의 異版	775	異版	451	동일매체의 異版	465	동일형식異版		
452	다른매체의 異版	776	여타물리적형식	452	다른 매체의 異版	466	다른형식異版		
453	로 번역	767	번역	453	로 번역	468	번역		
454	의 번역	765	원어	454	의 번역				
461	집합수준	773	기본자료	461	집합수준				
462	부분집합수준			462	부분집합수준				
463	각권수준	[773]	[기본자료]	463	각권수준				
464	각권분출수준			464	각권분출수준				
448	기타관련저작	787	비특정관계	448	기타관련저작				
						474	분립저록연관		

* KORMARC의 경우 490 부출되지 않거나 변형되어 부출되는 총서명 필드는 연관저록에 해당되지 않으므로 논외로 함.
** JAPAN MARC의 경우는 연속간행물용의 예임.

---

87) *Loc. cit.*

첫 번째의 총서와 보유자로 등의 범주에는 총서(410)와 하위총서 (411), 보유자료(421), 補遺資料의 母體資料(422), 합본(423)이 해당 한다. 총서필드는 편목대상자료와 이를 포함하고 있는 총서를 연결시 키기 위해 사용된다. 이와 관련된 필드로는 기술블록의 총서필드 (225)가 있는데, 이 필드는 기본적으로 전통적인 편목관례에 따라 단 행본을 기술하기 위한 것이다. 그러나 이 필드의 데이터요소가 표목 으로 확정된 형식으로 되어 있는 경우에는 접근점으로 사용될 수 있 다. 그 밖의 경우에는 410 필드에 총서와 관련된 삽입레코드를 수록 하도록 해야 한다. 따라서 기본적으로 225 필드는 ISBD의 총서사항 을 기록하기 위해 사용하고, 410 필드는 총서저록의 접근점의 형식을 기록하기 위해 사용하게 된다.88) 하위총서필드는 편목대상 연속간행 물(총서)과 그에 포함된 하위총서를 연결시키기 위해 사용된다. 따라 서 총서필드(410)는 총서와 하위총서 사이에 上向연결(upward link) 이 필요할 경우에 사용하고, 하위총서는 下向연결(downward link)이 필요할 경우에 사용하게 된다.

보유자료필드는 편목대상자료와 그 보유자료를 연결시키기 위해 사용되며, 보유자료판의 모체자료는 편목대상 보유자료와 그 모체자 료를 연결시키기 위해 사용된다. 합본필드는 다른 자료와 함께 제본 된 자료처럼, 함께 발행된 다른 서지적 자료를 편목대상자료와 연결 시키기 위해 사용된다.

---

88) *UNIMARC Manual. op. cit.* p. 410.

[표 4-3] UNIMARC의 선행저록필드와 후속저록필드 대비표

선행저록필드		후속저록필드	
표시자	필드명	표시자	필드명
430	_의 속간	440	_로 속간
431	_의 일부속간	441	_로 일부속간
432	_의 대체	442	_로 대체
433	_의 일부대체	443	_로 일부대체
434	_의 합병	444	_로 합병
435	_의 일부합병	445	_로 일부합병
436	_와 _, _의 합병	446	_와 _, _로 분리
437	_의 분리	447	_와 _의 합병으로 _발행
		448	原題還元

　두 번째의 先行著錄(preceding entries)과 세 번째의 후속저록 (succeeding entries)은 각각 편곡대상 연속간행물과 先行誌, 편목대상 연속간행물과 後續誌를 연결시키기 위해 사용되는 것으로, 앞서의 연 대적 관계를 표현하는 것이다. 이를 대비해보면 표 4-3가 같다.

　_의 속간(Continues) 필드(430)와 _의 일부속간(Continues in part) 필드(431)는 새 자료가 호수를 변경시키지 않은 채로 선행지를 대체할 경우에 사용한다. _의 대처(Supersedes) 필드(432)와 _의 일부대체 (Supersedes in part) 필드(433)는 새 자료가 선행지를 대체하면서 선 행지의 호수를 채용하지 않을 경우에 사용한다. _의 合倂(Absorbed) 필드(434)와 _의 일부합병(Absorbed in part) 필드(435)는 어떤 연속간 행물이 선행지를 합병하지 이전부터 존재하고 있었고 그 자체의 호수 를 계속 사용할 경우에 사용한다. _의 분리(Separated from) 필드(437) 는 새 자료가 현재도 발행되고 있는 자료의 일부였던 경우에 사용한다. _와 _, _의 합병(Formed by merger of _, _, and _) 필드(436)는 편목 대상 연속간행물과 둘 이상의 합병된 선행 연속간행물을 연결시키기 위해 사용된다.

　_로 續刊(Continued by) 필드(440)와 _로 일부속간(Continued in

part by) 필드(441), _로 대체(Superseded by) 필드(442)와 _로 일부 대체(Superseded in part by) 필드(443), _로 합병(Absorbed by) 필 드(444)와 _로 일부합병(Absorbed in part by) 필드(445)는 후속지 와의 연결을 위해 사용되게 된ek. _와 _, _로 분리(Split into _, _, and _) 필드(446)는 편목대상 연속간행물과 여기에서 분리된 둘 이 상의 연속간행물을 연결시키기 위해 사용된다. _와 _의 합병으로 _ 발행(Merged with _and _ to form_) 필드(447)는 편목대상 연속간 행물과 합병된 연속간행물 및 합병으로 탄생된 연속간행물을 연결시 키기 위해 사용된다. 原題還元(Changed back to) 필드(448)는 편목 대상 연속간행물과 이의 선행지인 동시에 후속지가 되는 연속간행물 을 연결시키기 위해 사용된다. 따라서 이 필드는 어떤 연속간행물이 그 명칭을 변경했다가 다시 환원시킨 경우에, 그 중간의 연속간행물 에 대한 레코드에서 사용되게 된다.

　네번째의 異版(other editions)의 범주는 수평적 관계를 표현하게 된 다. 동일 매체의 이판(Other edition in the same medium) 필드(451)는 편목대상자료와 동일매체로 된 그 자료의 이판을 연결시키기 위해 사 용되며, 다른 매체의 이판(Other edition in another medium) 필드 (452)는 다른 매체로 된 자료의 이판과 연결시키기 위해 사용된다. _ 로 번역(Translated as) 필드(453)는 편목대상자료와 그 자료의 번역본 을 연결시키기 위해 사용되고, _의 번역(Trans-lation of) 필드(454)는 번역본인 기술대상자료와 그 원본을 연결시키기 위해 사용된다.

　다섯번째의 水準(level)의 범주에는 집합(set)과 부분집합(subset), 각권(piece), 각권분출(piece-analytic)의 네종류[89)가 있는데, 이것은 계층적 관계를 표현하기 위한 것이다. 집합수준은 공통의 서명으로 식별되는 물리적으로 분리된 서지적 단위의 그룹으로, 총서와 연속 간행물, 전집, 다권본의 단행본(multivolume monograph)이 포함된

---

89) *UNIMARC Manual. op. cit.* p. 242.

다. 부분집합수준은 상위집합의 일부를 나타내는, 공통의 서명으로 식별되는 물리적으로 분리된 서지적 단위의 그룹이다. 각권수준은 물리적으로 분리된 하나의 서지적 자료이다. 各卷分出水準은 각권의 일부로서 각권과 물리적으로 분리되지 않은 서지적 자료를 말한다. 이와 같은 수준을 나타내는 필드들은 레코드구조에서 다양한 수준의 데이터에 대한 별도 레코드의 연결을 강조할 경우에만 사용되게 되며, 각각 해당수준의 서지적 단위에 대하여 연결이 이루어지게 된다.

　집합수준 필드(461)라 부분집합수준 필드(462)는 각각 집합수준과 부분집합수준에서 계층적으로 연결된 자료를 식별하기 위해 사용된다. 따라서 연결이 이루어지는 대상자료는 461 필드의 경우는 集合水準, 462 필드의 경우는 부분집합수준의 것이 되며, 각 필드를 수록하게 되는 레코드는 461 필드의 경우는 각권수준이나 부분집합수준, 462 필드의 경우는 각권수준이나 부분집합수준, 집합수준의 것이 된다. 461 필드에서 각권이나 부분집합으로부터 집합으로 이루어지는 연결은 항상 상향연결이 된다. 462 필드도 일반적으로 각권이나 부분집합에 대한 레코드에서 상위수준 부분집합으로 이루어지는 상향연결을 위해 사용된다. 다만 어떤 집합에서 부분집합으로 이루어지는 연결만은 그 집합이 계층구조상 최고수준이 될 것이므로, 下向연결이 사용되게 된다.

　각권수준 필드(463)와 각권분출 필드(464)는 각각 각권수준과 각권분출수준의 자료에 대해 이루어지는 계층적 연결을 식별하기 위해 사용된다. 따라서 연결이 이루어지는 대상자료는 463 필드의 경우는 각권수준, 464 필드의 경우는 각권분출수준의 것이 되며, 각 필드를 수록하게 되는 레코드는 463 필드의 경우는 各卷分出水準이나 부분집합수준, 집합수준, 464 필드의 경우는 각권수준의 것이 된다. 463 필드는 일반적으로 각권분출에 대한 레코드에서 그 각권분출에 포함하고 있는 각권으로 이루어지는 상향연결을 위해 사용된다. 다만 어떤 집합에서 각권으로 이루어지는 연결은 하향연결을 사용할 수도 있을 것이다. 한편 464 필드에서 이루어지는 각권분출에 대한 연결은 하향연결이 될 수밖에 없으므로, 각권이 최고수준을 이루는 경우에 한하여 사용해야 한다. 그 이외의 경우에는 각권분출에 대한 레코드에서 463 필드를 사용하여 각권으로 上向연결을 제공해야 한다.

이 계층적 연결을 포함하고 있는 레코드의 처리는 상당히 복잡하기 때문에, 레코드레이블의 8번째 자리(계층적 수준 코드)에 레코드에서 이 방법을 사용하고 있는지의 여부를 표시하게 된다. 이것은 이 연결을 포함하고 있는 레코드의 변환프로그램을 개발하지 못한 기관에 대해서는 이를 정확하게 처리할 수 없음을 알려주고, 이를 포함하고 있는 레코드를 처리하기 위해서는 다른 레코드의 데이터가 필요함을 나타내게 되는 것이다.90)

마지막으로 기타의 기타 관련저작(Other related work) 필드(488)는 다른 4-필드에 그 특정의 관계가 제시되지 않았거나 자료로부터 이를 확인할 수 없을 경우에 편목대상자료와 다른 자료를 연결시키기 위해 사용된다.

UNIMARC의 각각의 연관저록 필드에는 연결되고 있는 자료를 식별해주는 삽입된 表示字와, 지시자, 서브필드 코드와 함께 데이터요소를 수록하게 된다. 이때 이 필드의 데이터는 연결되고 있는 자료에 대한 레코드, 또는 레코드가 존재하지 않는 경우에는 자료 자체를 충분히 식별해줄 수 있는 데이터로 이루어져야 한다.

연관저록 필드의 일반적 형식은 다음과 같다:

지시자 b0나 b1	서브필드 식별자 $1	서브필드 데이터	서브필드 식별자 $1	서브필드 데이터	…	필드 종료기호

---

90) Ellen Gredley and Allan Hopkinson. *op. cit.* p. 189.

　　지시자는 제1지시자와 제2지시자가 사용되는데, 제1지시자는 틀재 정의되지 않고 있다. 제2지시자는 레코드를 제공하는 기관에서 이 필드의 데이터를 이용하여 레코드의 프린트나 그 밖의 디스플레이를 위해 註記를 작성하는지의 여부를 지시하게 된다. 레코드가 디스플레이 되는 경우(1)에는, 특정의 필드표시자가 연결이 이루어지는 자료와 편목대상자료 사이의 정확한 관계를 나타내는 텍스트로, 레코드 입수기관의 관례에 알맞은 어법에 따라 변환되도록 하고 있다.

　　서브필드 식별자료는 $1(연관데이터)이 사용된다. 각각의 연관데이터 서브필드에는 완전한 표시자와 지시자, 서브필드코드를 갖춘 데이터필드를 수록하게 된다. 다만 삽입되는 001 필드의 경우는 지시자나 서브필드 식별자 없이 표시자와 레코드 식별번호만으로 이루어지게 된다. 이 연관데이터 서브필드($1)는 각각의 삽입필드에 대해 반복사용이 가능하다. 연관필드에 연결된 레코드의 레코드 制御番號만 수록되게 되는 경우에는, 배포를 위해서는 이 레코드가 동일한 파일에 수록되어 있어야 한다.

　　연관데이터 서브필드에 의해 삽입되는 필드는 디렉터리에는 나타나지 않기 때문에, 이와 같은 삽입레코드의 필드를 처리하는 방법은 레코드의 본체의 필드 처리방법과는 아주 달라지게 된다.

　　한편 UNIMARC에서는 완전레코드에서 작성되어야 할 연관필드의 必須필드와 임의필드를 규정하고 있다.91) 필수필드에는 001 레코드 식별번호, 500 통일서명(또는 500 필드가 없는 경우에는 200 $a 본서명), 7-주요저자(있는 경우), 206 자료특성사항: 지도자료－수치데이터가 포함된다. 임의필드에는 010 ISBN, 011 ISSN, 101 저작의 언어, 102 출판국 또는 제작국, 123 코드화 데이터 필드: 지도자료－축척과 經緯度, 200 $a 본서명(미수록의 경우), 200 $f 첫 번째 저자표시, 200 $v 권호표시, 205 판표시, 210 출판, 배포 등, 225 총서, 500 통일서

---

91) *UNIMARC Manual. op. cit.* p. 220.

명(미수록의 경우), 510 대등본서명, 530 핵심서명이 포함된다.

USMARC의 UFBD에서는 레코드간 연결(inter-record link)를 제공하기 위한 연관저록 필드를 76-부터 79-사이에 마련하고 있다.[92] USMARC의 연관저록 필드는 원래 연속간행물 사양서에만 정의되어 있었으며, 索引作成을 용이하게 하거나 관련자료의 레코드에 대한 기계적인 연결을 제공하지 못하는 서지적 자료 사이의 관계를 기술하는 정보를 수록하였으나, 이후의 가정을 통하여 그 범위가 확대되었다.[93] UFBD의 연관저록 필드는 현재 어떤 연속간행물과 관련된 연속간행물을 연결시키기 위한 것을 기본으로 하고 있으나, 앞서 살펴본 연대적 관계와 수평적 관계, 수직적 관계에 대해서도 아울러 대비하고 있는데, 특히 수직적 관계와 관련하여 계층적 관계와 전체/부분의 관계에 대하여 상세히 다루고 있다.

USMARC에서는 서지레코드가 작성되는 기본적인 자료인 基本資料(host item)와, 기본자료와 어떤 서지적 관계를 갖게 되는 관련자료(related item)로 이를 구분하여 정의하고 있는데,[94] 관련자료에 대한 데이터가 연관저록 필드에 수록되게 되는 것이다.

기본총서저록(Main series entry) 필드(760)는 대상자료가 수직적 관계에 있는 하위총서일 경우에 관련된 기본총서에 관한 정보를 수록하게 되며, 하위총서저록(Subseries entry) 필드(762)는 대상자료가 기본총서나 모체가 되는 하위총서일 경우에 관련된 하위총서에 관한 정보를 수록하게 된다. 따라서 이 필드들은 각각 UNIMARC의 410, 411 필드에 상당하는 것이라고 할 수 있다. 그러나 USMARC에서는 연속간행물에 대해서만 이를 규정하고 있다.

原語著錄(Original language entry) 필드(765)는 대상자료가 번역

---

92) USMARC에 있어서의 연관저록필드의 도입과정에 대해서는 Walt Crawford. *op. cit.* pp. 177-185 참조.

93) *UFBD. op. cit.* pp. 76X-79X p. 12.

94) USMARC의 연관저록 필드에서 사용하는 기본적인 용어에 대해서는, Sally H. McCallum. *op. cit.* p.281; *UFBD. op. cit.* pp.76X-79X p. 2-3 참조.

일 경우 그 원어로 된 출판물에 대한 정보를 수록하며, 번역저록 (Translation entry) 필드는 대상자료가 원본이거나 다른 번역본일 경우 원본 이외의 다른 언어로 된 출판물에 관한 정보를 수록하게 된다. 따라서 이 필드들은 각각 UNIMARC의 454, 453 필드에 상당하는 것이라고 할 수 있다.

補遺/특수발행저록(Supplement/Special issue entry) 필드(770)는 대상자료와 관련되어 있으나 별도의 레코드로서 목록이 작성되거나 입력되는 보유자료나 특수발행자료에 관한 정보를 수록하며, 모체레코드 저록(Parent record entry) 필드(772)는 대상자료가 모체자료의 한호나 보유자료, 특수발행자료일 경우 관련된 모체자료에 관한 정보를 수록하게 된다. 따라서 이 필드들은 각각 UNIMARC의 421, 422 필드에 상당한다고 할 수 있다.

기본자료저록(Host item entry) 필드(773)는 레코드에서 기술되고 있는 構成要素部(component part)/하위단위(subunit)에 대하여 기본자료에 관한 정보를 수록하게 된다. 결과적으로 이 필드는 분출레코드 (analytical record)를 작성하기 위한 필드로서, 구성요소부나 하위단위에 대하여 서지레코드를 작성하고 이 필드에는 이를 포함하고 있는 자료에 대한 세목을 수록하게 되는 것이다. 따라서 이 필드는 리더의 7번째 자리의 서지적 수준에 단행본 구성요소부(a)나 연속간행물 구성요소부(b), 하위단위(d)로 표시된 경우에만 사용되게 된다. 그러므로 이 필드는 UNIMARC의 461 필드와 463 필드에 상당한다고 할 수 있다.

異版저록(Other edition entry) 필드(775)는 해당저작의 다른 입수가능한 이판에 대한 저록을 수록하게 된다. USMARC에서 제시하고 있는 이판의 유형으로는 대개 동일한 출판사에 의해 둘 이상의 언어로 동시에 발행되는 연속간행물과 같은 언어판(language edition)과, 정기적인 인쇄본의 再刷(regular—print reprint), 대개 대상자료의 동일한 서명을 가지고 있으나 판에 관한 정보에 차이가 있는 기타 판 등이 있다.95) 이 필드는 UNIMARC의 451 필드에 상당한다고 할 수 있다.

기타 물리적 형식저록(Additional physical form entry) 필드(776)는 동일서명을 가진 여러 물리적 형식의 레코드를 연결시키기 위해 사용되는 것으로, UNIMARC의 452 필드에 상당한다고 할 수 있다.

合本著錄(Issued with entry) 필드(777)는 별도로 목록이 작성되기는 하지만 대상자료와 합본되어 있거나 이에 수록되어 있는 출판물에 관한 정보를 수록하는 것으로, 지역적으로 재본한 것을 나타내는 동시제본(bound with) 註記(501 필드)이나 구성요소부에 대해서는 사용하지 않는다.

先行저록(Preceding entry) 필드(780)와 後續저록(Succeeding entry) 필드(785)는 각각 UNIMARC의 730-737 필드, 440-448 필드에 상당하는 것으로, USMARC에서는 이들 각 관계의 유형을 제2지시자로서 지시하고 있는 점이 다르다. 비록 정관계저록(Nonspecific relation entry) 필드(787)는 이상의 760-785 필드에 제시되지 않은 관계를 갖는 관련저작에 관한 정보를 수록하게 된다.

USMARC에서 이상의 연관저록필드에는 관련자료에 대한 기술데이터나, 관련자료의 레코드에 대한 제어번호, 또는 記述데이터와 제어번호가 함께 수록되게 된다. 이 연간저록필드 외에도 USMARC에서는 레코드의 연결을 위하여 연관저록 복잡성주기(Linking entry complexity note)(580 필드)와 연결된 레코드의 요건(Linked-record requirement)(리더/19)가 마련되어 있다. 연관저록 복잡성 주기는 대상자료와 관련자료의 관계가 너무 복잡하여 주기사항의 標出語나 연관저록필드나 연관된 레코드의 데이터를 사용해서는 표현할 수 없을 경우에, 관련된 연관저록필드에 추가하여 사용된다. 연결된 레코드의 요건은 관련자료를 식별해주는 肉眼으로 식별할 수 있는 주기를 작성하기에 충분한 정보가 연관저록필드에 제시되어 있는지 아니면 관

---

95) *UFBD. op. cit.* pp. 775. pp. 1-2.

련된 레코드번호만이 기록되어 있는지의 여부를 지시하게 된다.

한편 USMARC의 연관저록필드에는 두개의 지시자가 규정되어 있다. 제1지시자는 연관저록필드의 데이터로부터 주기가 디스플레이 되는지의 여부를 지시하게 된다. 제2지시자는 780 필드와 785 필드에만 규정되어 있는데, 선행지와 후속지의 관계의 유형을 지시하게 된다.

서브필드의 경우는 UNIMARC에서 연관데이터 서브필드라는 별도의 서브필드를 앞세워 삽입필드의 형태로 연결되는 자료에 관한 레코드나 데이터를 수록하고 있음에 비해, USMARC에서는 별도의 서브필드를 정의하고 있다.96) USMARC의 경우도 연관저록필드의 데이터는 실제데이터나 코드화 데이터가 사용될 수 있다.

또한 USMARC에서는 각 필드에 대해 별도의 表出語(display constant)를 제시하고 있는데, 이는 표 4-4와 같다.

---

96) *UFBD. op. cit.* pp.76X-79X p. 5-9.

[표 4-4] USMARC와 KORMARC의 연관저록필드 표출어 일람

표시자	지시자	표　　　출　　　어
760		Main series: 또는 Subseries of:
762		Has subseries:
765		Translation of:
767		Translated as:
770		Has supplement:
772		Supplement to:
773		In:
775		Other editions available:
776		Available in Other form:
777		Issued with:
780	0	Continues:
780	1	Continues in part:
780	2	Supersedes:
780	3	Supersedes in part:
780	4	Formed by the union: … and: …
780	5	Absorbed:
780	6	Absorbed in part:
780	7	Separated from:
785	0	Continued by:
785	1	Continued in part by:
785	2	Superseded by:
785	3	Superseded in part by:
785	4	Absorbed by:
785	5	Absorbed in part by:
785	6	Split into: … and …
785	7	Merged with: … to form …
785	8	Changed back to:

CHINESE MARC의 경우는 UNIMARC에 준거하고 있으므로, 연관저록필드의 경우는 UNIMARC의 정의를 그대로 채용하고 있다.

KORMARC의 경우는 기본적으로 聯關著錄을 채택하고 있지 않은 LC MARC와 UKMARC에 준거하고 있는 상태에서 연관저록필드를 KORMARC의 독자적인 방식으로 규정한 것이었다.[97] 이 필드들은 UNIMARC 중 일부를 선택적으로 채용하고 있으며, 내용표지

기호법은 UNIMARC와 같다. 다만 KORMARC에서는 분출대상이 되는 각각의 기입항목을 서로 연관지워 나타내기 위한 필드로 분립저록의 연관표시 필드(474)를 추가로 규정하고 있다. 그러나 현재 연관저록필드의 사용은 보류되고 있다.

한편 KORMARC에서는 표 3-2에서 제시한 바와 같이 총서명사항 블럭에 삽입되어 있다. 그 결과 총서명과 관련된 490 필드가 연관저록으로 인하여 분리되게 된다. 이를 개선하기 위해서는 KORMARC에서도 연관저록필드의 포괄적인 채택과 아울러, 표시자의 변경이 불가피한 것으로 보인다.98) 이를 위해서는 USMARC와 같은 방식의 채택이 바람직하다.

JAPAN MARC의 단행본용에서는 연관저록필드가 설정되어 있지 않고, 연속간행물용99)에만 記入링크블록으로서 설정되어 있다. 이 블록의 서브필드에는 연결하는 改題前(430), 개제후(440)의 표제와 표시자 번호와 서브필드 식별자 및 데이터내용을 수록하도록 하고 있으며, 서브필드 식별자로는 연관데이터 서브필드가 사용되고 있다.

이상에서 살펴본 바와 같이 연관저록필드는 자료 사이의 서지적 관계를 효율적으로 연결시키기 우해 도입된 MARC의 특징적인 부분이라 할 수 있다. 그 실제적인 필드에 있어서는 UNIMARC와 USMARC, CHINESE MARC 사이에는 거의 차이가 없음을 볼 수 있다. 관련 서지레코드의 효과적인 접근은 정보의 檢索과 효율적인 활용에 있어서 매우 중요하다는 점에서 볼 때, KORMARC와 JAPAN MARC에서 이를 보다 광범위하게 채택하도록 하는 것이 바람직하다.100)

---

97) 한국문헌자동화목록법. *op. cit.* p. iv. 아울러 KORMARC에서는 이와 관련하여 주기사항에서 원서명, 부록, 합철, 내용 등의 표출어를 사용할 수 있도록 하고 있다.

98) 吳東根. MARC 포맷에 관한 비교연구(Ⅱ). 情報管理學會誌 제3권 제3호 (1986. 12). p. 92.

99) JAPAN/MARC マニュアル 逐次刊行物編. 東京, 國立國會圖書館, 1988.

100) JAPAN MARC에 있어서 연관저록의 필요성은 小田泰正 등에 의해서도 지적되고 있다(小田泰正 et. al. JAPAN/MARCの利用システムとその問題點.

(2) 聯關著錄 이외의 表現方法

연관저록이 MARC에 있어서 서지적 관계를 나타내기 위한 대표적인 방법이라고는 하지만, 앞서 살펴본 것처럼 MARC에는 전통적인 목록의 영향을 받은 표현방법들이 있을 뿐만 아니라, 연관저록을 사용하지 않는 JAPAN MARC의 경우에는 이러한 관계를 나타내기 위한 별도의 방법을 설정하고 있다.

UNIMARC와 USMARC에서는 연속간행물의 以前誌名(former title)을 다루기 위한 필드(각각 520, 247)를 설정하고 있다. 이 필드는 연속간행물의 지명만이 수록되며 별도의 연결법은 사용되지 않고 있다. 이 방법은 연속간행물의 최신지명을 표목으로 하여 연속간행물의 레코드를 작성하는 시스템에서 레코드 사이에 연결을 시키지 않아도 되도록 하기 위해 도입된 것으로, 이러한 시스템에서는 이전 지명에 대한 레코드를 별도로 작성하지 않고 이 필드를 사용하여 이전의 지명에 대한 접근을 하게 된다. 그러나 앞서 살펴본 것처럼, 변경된 지명에 대해 별도의 레코드가 작성되는 경우에는 연관저록필드를 사용하여 이를 연결시키게 된다.

또한 전통적인 목록에서 공통의 주제명이나 공통의 저자 사이의 관계를 나타내기 위해 그와 같은 자료에 대한 레코드를 한곳에 모으는 것과 같은 방법으로, UNIMARC와 CHINESE MARC에서는 典據레코드番號(Authority record number)에 대한 서브필드($3)를 주제명이나 개인명, 단체명을 나타내는 접근점 필드에 설정하고 있다. 이 서브필드에 의해 전거레코드번호에 의해 식별되는 전거레코드와의 연결이 가능해지게 된다. 전거레코드에는 주제명표목이나 저자명 뿐만 아니라 그에 대한 참조도 수록되게 된다.101) 이와 같은 방법을 사용하게 되면, 전거레코드가 변경될 경우 모든 통제된 표목이 자동적으로 변

圖書館界 34(4), 1983. 1. p. 314 참조).
101) UNIMARC의 전거용 포맷으로는 *UNIMARC/A: UNIMARC format for authorities*. London, IFLA UBCIM Programme, 1990이 발행되었다.

경될 수 있게 된다.102) 그러나 USMARC에서는 서지레코드의 표목과 전거레코드에 대한 직접적인 연결은 이루어지지 않고 있다.

한편 JAPAN MARC에서는 서지적 관계를 나타내기 위해, 묵시적 이기는 하지만, 앞서 살펴본 表記法에 못지 않는 독특한 방법을 설 정하고 있다. 우선 서명이 둘 이상 있는 경우에는 서명과 저자에 관 한 사항 필드(251)를 필드단위로 반복하여 사용하도록 하고 있다. 따라서 표시자 번호를 252, 253, … 로 계속 사용하면서 251 필드 에 제시된 서브필드들을 사용하여 별도의 서명을 표시하게 된다. 이 것은 서명의 독음과 저자명의 독음으로 이루어지는 551 필드와 751 필드의 경우도 마찬가지이다. 다만 동일저자의 경우에는 기술부의 서명에 관한 서브필드에는 각각의 서명을 중간점으로 구분하여 입력 하고, 서명의 讀音필드에서간 각각의 서브필드를 반복사용하여 입력 하도록 하고 있다.

아울러 JAPAN MARC에서는 다권본의 각권의 서명과 저자에 관 한 사항 필드(291)를 설정하고 있다. 이 필드의 경우도 251 필드와 마찬가지로 둘 이상의 각권서명이 있을 경우에는 필드단위로 반복사 용되고, 이것은 591 필드(다권본의 각권서명의 독음)의 경우에도 마 찬가지이다. 따라서 다권본에 대해서는 一括著錄을 작성하고 있는 JAPAN MARC의 경우에 있어서는, 251 필드에는 다권본의 종합서 명이 입력되고, 591 필드에는 각권의 서명이 별도로 입력됨으로서 그 계층적 단계가 묵시적으로 표현되게 되는 것이다.

결국 MARC에 새로이 도입된 연관저록필드는 전통적인 목록에 나 타나는 서지적 관계를 효율적으로 처리하기 위한 것임을 알 수 있다. 아울러 UNIMARC와 USMARC에 설정된 연관저록필드는 서로 원칙 적인 측면에서는 차이가 없는 것으로 나타났다. 따라서 KORMARC 와 JAPAN MARC에 있어서도 관련자료와의 광범위한 서지적 관계

---

102) Walt Crawford. *op. cit*. p. 186.

를 효과적으로 표현할 수 있도록 하기 위해서는 이를 포괄적으로 채택하는 것이 바람직하다.

結　論

본 연구를 통하여 얻은 주요결론은 다음과 같다:

1. MARC는 편목규칙의 발전과정과 밀접한 관계를 갖고 서로 영향을 미치고 있다. 본 연구에서는 LC MARC를 시작으로 하여 UNIMARC에 이르는 변화과정이 基本著錄方式을 채택하고 있는 영미목록규칙으로부터 等價標目의 원칙을 바탕으로 하는 ISBD에 이르는 편목규칙의 이론상의 변화과정과 직접적인 관련을 갖고 있음을 구명하였다.

2. 주요 MARC 포맷을 대상으로 직접 비교분석한 결과, 레코드의 구조와 내용표지법에 있어서는 본질적인 차이가 없는 것으로 분석되었다. 레코드의 內容에 있어서 동양자료의 서지적 특성과 관련하여 구체적으로 분석된 관칭과 표기법의 문제, KORMARC에 있어서의 포괄적인 수용과 관련하여 분석된 연관저록의 문제에 대한 분석결과는 다음과 같다:

A. 東洋資料와 관련하여, 본서명의 앞이나 위에 기저되는 어구인 冠稱의 문제를 MARC 포맷에서 효과적으로 처리하기 위해서는 기술부에도 포맷 내에서 이를 별도로 처리할 수 있도록 배려해야 하고, 검색부에서는 관칭을 포함한 서명과 이를 제외시킨 서명이 모두 검색의 접근점이 될 수 있도록 구체적으로 명시하는 것이 합리적이다.

B. 表記法은 동양의 편목규칙에서 배열의 편의를 위하여 표목에 대한 독음으로서 시작된 것이다. 그러나 MARC 포맷에 있어서는 한

자데이터와 그 독음을 별도의 데이터로 취급하는 것이 합리적이다. 따라서 그 처리에 있어서는 기술부에는 자료에 나타난대로의 형식을 그대로 입력하고, 검색부에는 각 독음 또는 표기법 별로 이를 표시할 수 있도록 하는 것이 합리적이다.

  C. 자료사이에 나타나는 수직관계와 수평관계, 연대관계 등의 서지적 관계를 효율적으로 처리하기 위해 도입된 聯關著錄필드는 MARC의 특징적인 필드로서, 자료의 효율적인 검색을 위해서도 사용될 수 있다. 따라서 KORMARC에 있어서도 관련자료와의 광범위한 관계를 표시할 수 있도록 하기 위하여 이를 포괄적으로 수용하는 것이 바람직하다.

  3. MARC는 결국 전통적인 목록을 자동화하기 위하여 이루어진 것으로서, 그에 대한 문제점을 분석하고 이를 개선하는 데 있어서는 이상에서 제시한 바와 같은 東洋의 전통적인 編目規則에 대한 체계적인 분석결과가 중요한 지침이 될 수 있다. 아울러 이를 바탕으로 각국의 서지적 기술방식을 합리적으로 개선하고 그 결과를 국제적 표준에 반영함으로서 서지데이터의 국제적인 상호교환에 있어서 야기될 수 있는 문제점을 최소화할 수 있을 것이다.

  아울러 본연구가 單行本에 한정한 서지포맷 중심의 제한점을 갖는다는 점에서, 연속간행물과 비도서자료를 비롯한 그밖의 자료용의 포맷에 대한 연구와, 典據用포맷 및 所藏用포맷에 대한 연구가 추가로 이루어져야 할 것이다.

參 考 文 獻

A. 基本資料

1. 國立國會圖書館. JAPAN MARC マニュアル. 第3版. 東京, 日本圖書館協
會, 1990.
2. 국립중앙도서관. 한국문헌자동화목록법(단행본용)－표준용포멭. 서울, 국
립중앙도서관, 1984.
3. 國立中央圖書館. 中國圖書機讀編目格式. 第2版. 臺北市, 國立中央圖書館.
1981.
4. *UNIMARC: Universal MARC Format.* 2nd edition reviced. London,
IFLA International Office for UBC, 1980.
5. *USMARCFormat for Bibliographic Data Including Guidlines for Content
Designation.* Library of Congress, Washington, 1988.

B. 其他參考資料

1. 國立國會圖書館. JAPAN MARC マニュアルー逐次刊行物 編 －. 第1版.
東京, 日本圖書館協會, 1988.
2. 국립중앙도서관. 국립중앙도서관자료집 1973-1983. 서울, 국립중앙도서
관, 1983.
3. 국립중앙도서관. 국제표준서지기술법에 의한 한국문헌기술세칙 － 한극
문헌자동화록법에 적용하기 위하여－. 제1집. 서울, 국립중앙도서곤,

1982, (제2집. 1983; 제3집. 1983).

4. 국립중앙도서관. 한국문헌자동화목록기술규칙(단행본용) － 예비노트판. 서울, 국립중앙도서관, 1983.(예비노트 보완판. 1985).

5. 국립중앙도서관. 한국문헌자동화목록법(연속간행물용) － 실험용 포맷. 서울, 국립중앙도서관, 1983.

6. 국립중앙도서관. 변화하는 사회에 있어서의 국립중앙도서관의 기능과 책임. 국립중앙도서관 60주년기념논문집. 서울, 국립중앙도서관, 1984.

7. 국립중앙도서관. 업무자동화추진위원회준비반. 한국문헌자동화목록법(단행본용) － 실험용포맷. 서울, 국립중앙도서관, 1980.

8. 국립중앙도서관. 인쇄카드요람. 서울, 국립중앙도서관, 1983.

9. 圖書館自動化作業規劃委員會. 中國機讀編目格式. 臺北市, 國立中央圖書館, 1982, (제2판. 1984).

10. 國立中央圖書館. 中國編目規則. 臺北市, 國立中央圖書館, 1983.

11. 國立中央圖書館. 中國編目規則簡編. 臺北市, 國立中央圖書館, 1985.

12. 日本圖書館協會 目錄委員會. 日本目錄規則 新版予備版. 東京, 日本圖書館協會, 1977.

13. 日本圖書館協會 目錄委員會. 日本目錄規則 1987年版. 東京, 1987.

14. 정필모외. 전국도서관업무의 전산화방향(1983년 정책연고과제보고).

15. 한국도서관협회. 한국목록규칙 3판(기술. 표목올림지시편). 서울, 한국도서관협회. 1983.

16. 한국문헌자동화목록법운영협의회. KORMARC WORKSHOP 텍스트북. 서울, 한국문헌자동화목록법영협의회, 1984.

17. 한국정보관리학회. 연속간행물관리의 전산화시스템. 서울, 1985.

18. *Andersonb, Dorothy. Universal Bibliographic Control: A long term policy, A plan for action*. Pullach / Munchin, Verlag Dokumentation, 1974.

19. *Anglo－American Cataloging Rules*, Second edition revised, Chicago, ALA, 1988.

20. Avram, Henriette D. *MARC; its history and implicatioms. Washington*, Library of Congress, 1975.

21. Avram, Henriette D. *The MARC Pilot Project: Final Report on a*

Project Sponsored by the Council on Library Resourees. Inc. Washington, Library of Congress, 1968.

22. Crawford, Walt. *MARC for Library Use.* 2nd ed: *Understanding Integrated USMARC.* Boston, G.K. Hall & Co. 1989.

23. *Information Trasfer.* 2nd ed. Switzerland, ISO, 1982.

24. *ISBD(G): General International Standard Bibliographic Description, Annotated Text.* London, IFLA International Office for UBC, 1977.

25. Library of Congress. Cataloging Distribution Service. *Format Integration and its effect on the USMARC Bibliographic Format.* Washington, LC, 1988.

26. Libary of Congress, MARC Development Office. *Books: A MARC Formats specifications for magnetic tapes containing catalog record for books,* 5th edition, Washington, LC, 1972.

27. *MARC Formats for Bibliographic Data.* Washington, LC, 1980.

28. *Online Systems Books Format.* 3rd ed. Ohio, OCLC, 1986.

29. *Reference Manual for Machine-Readable Bibliographic Description.* 2nd revised ed. Paris, UNIBID, 1981.

30. Wells, A.J. *The International MARC Network: A study for an international bibliographic data network.* London, IFLA International Office for UBC, 1977.

SUMMARY

A Comparative Study on the MARC Formats Featuring East-Asian Bibliographic Traditions

By Oh Dong-geun

The underlying purpose of this study is to investigate the possibility of the development of the integrated MARC format for East-Asian materials, through the comparative analysis to the major formats and related cataloging rules, when appropriate. And its direct purpose is to suggest the proposals for the enhancement of the UNIMARC and KORMARC formats, in relation to the processing of the East-Asian materials.

The results from the comparative analysis to UNIMARC, USMARC, KORMARC, CHINESE MARC, and JAPAN MARC formats are as follows:

1. Historical review suggests that MARC has been developed, from the early stage of computerization for the card catalog and national bibliography based on monographs, through that of separate formats for each bibliographic materials, to that of format integration. So it is desirable for KORMARC to consider the format integration for bibliographic formats and its relation to authority and

holding formats.

2. As in the traditional catalog, standardization has been essential element in the MARC, and given more emphasis with the possibility of national and international exchange of the bibliographic data. From this regard, KCR3 and Descriptive Cataloging Rules for KORMARC should be integrated, and other related standards and bibliographic tools, such as classification scheme and subject heading, developed.

3. The record structure and content designation of the major formats has been designed based on the same principles and similar standards such as ISO 2709, to have same structure and contents except minor terminological differences-JAPAN MARC is only one example not using indicator. But there are some differences in the content designation for those of the data division etc. in the cataloging rules based.

4. The content of record is organized based on the cataloging rules. Therefore it is natural that the development form LC MARC to UNIMARC has reflected the theoretical change in the cataloging from AACR adopting main entry to ISBD treating all beading as having same value. And MARC itself also influence the development of the cataloging theory.

5. Coded data elements in the fixed fields are characteristic part different from traditional catalog. Its contents can be categorized to the data relating to author, those to physical description, those to publication, those to its contents, and others. Basically all

formats but JAPAN MARC have similar contents, and in KORMARC some codes are added reflecting Korean characteristics such as codes for Korean university. But there are some differences in details. So it is desirable to standardize the code in the data elements for the exchange of the data.

6. Data elements in the variable fields can be categorized to those in deseriptive part, those of access point, and those for identification.

1) Basically there are no difference in the data elements in deseriptive, part of major formats, except the subdivision of the data, because all cataloging codes based reflect the rules of ISBD. But for the effective processing of the East-Asian materials, it is desirable for UNIMARC to introduce the subfields such as Kwon-su(卷數) in the title and binding(Oriental) in the physical description, and for KORMARC such as general material designation(GMD) and Kwon-su in the title, manufacturer and date of manufacture in the publication and distribution, ISSN of the series in the series, and facsimile note field in the notes.

2) There are differences in the treatment of the access point between USMARC and KORMARC based on main entry, and UNIMARC, CHINESE MARC, and JAPAN MARC considering each heading as having equal value. The former devides it into main entry and added entry, but the latter based on its function. And especially in JAPAN MARC all access points except the subject is the pronunciation of the data in the description.

Data elements in the access point can be categorized as those of author, those of title, those of subject, and those of reference. The author data of USMARC and KORMARC consist of personal, corporate body, and meeting, while UNIMARC and CHINESE MARC personal, corporate body, and family, and JAPAN MARC only the pronunciation of the data in the description.

For the East-Asian materials, it is desirable for UNIMARC to introduce the subfields such as name of the dynasty and its related numerals, and for KORMARC relator code and linkage with authority record when made. And in KORMARC the author name subfield should be incorporated into one subfield including both surname and of rename in direct order. Title related data of UNIMARC, USMARC and CHINESE MARC contain some access points on music. It is desirable for KORMARC to introduce the subfields such as GMD, number of part, version, and those related to music. Subject data consist of classification number fields, subject heading and name fields, and suject analysis fields. In KORMARC subfield for the list of subject heading or system used should be added. Reference field in KORMARC should be chaged into linkage with authority record for the effectiveness of processing.

3) Identification fields contain the useful information on the record itself or on the material described. In KORMARC it is desirable to introduce the fields such as data and time of latest transaction, copyright registration number, standard technical report number, and report number.

7. The results from the analysis on the Kwan-ching(冠稱), pronunciation and the script, and linking entry, considered in detail as characteristic problems in East-Asian materials, are as

follows:

1) For the effective processing of Kwan-ching in MARC format, it is desirable for the description to provide for it in the format, and for access point to clarify that the title both including it and excluding it should be used as access points.

2) The pronunciation in the East-Asian cataloging practice began for the convenience for the filing and changed into different data element from the description. Therefore in the MARC format, the data written Chinese character and its pronunciation should be treated as separate element also. And it is desirable for the description to enter it as in the material itself, and for access point to enter it separately as its pronunciation.

3) Linking entry fields are characteristic fields in MARC for the effective treatment of the bibliographic relation such as vertical, horizontal, and chronological. Therefore KORMARC should introduce them comprehensively to treat the relation.

• 鄭駬謨敎授指導 博士學位 論文 5 •

編目規則과 MARC 포맷에 있어서 東洋資料의 書誌的 記述에 관한 比較分析

❋초판인쇄	2005년 1월 10일
❋초판발행	2005년 1월 15일
❋지 은 이	오동근
❋펴 낸 이	채종준
❋펴 낸 곳	한국학술정보(주)
	경기도 파주시 교하읍 문발리 파주출판정보산업단지 525-2
	전화 031) 908-3181(대표) · 팩스 031) 908-3189
	홈페이지 http://www.kstudy.com
	e-mail (e-Book 사업부) ebook@kstudy.com
❋등 록	제일산-115호(2000. 6. 19)
❋가 격	11,000원

ISBN   89-534-2210-8 94020   (Paper book)
             89-534-2211-6 98020   (e-book)
             89-534-2200-0 94020   (Paper set)
             89-534-2201-9 98020   (e-book set)